마을의사로 살아가고 있습니다

안성의료협동조합과 함께한 30년

마을의사로
살아가고 있습니다

권성실 글, 그림

차 례

2장 나는 우리 마을 주치의

3장 이웃에 사는 보물들

4장 마을에서 알콩달콩

5장 온 마을이 건강해야

들어가는 글

추위가 풀려 가는 어느 날, 친구와 그의 아들이 집에 놀러와 점심을 같이 했다. 서울에 가 있던 친구를 오랜만에 집으로 초대하여 요리는 못하지만 이전에 선물 받은 미역으로 정성껏 들깨미역국을 끓여 같이 먹었다.

두 사람은 시인이다. 글로 자신을 치유하고 다른 사람을 위로하는, 글 쓰는 동지 같은 그들을 보며 참으로 따뜻했다. 시인은 남들보다 먼저 많이 느끼고 아파하는 사람들 아닌가 한다. 그래서 우리 같은 사람들은 보지 못하고 지나가는 삶의 진실들을, 아름다움을 보게 해 주는 사람들 아닐까.

의료협동조합 하면서 있었던 이야기들, 감동들을 써 보고 싶은데 재주가 없어 안 된다 하니 "써 보세요. 제가 도와 드릴게요! 이렇게 쓰시면 돼요. 오늘 친구가 와서 미역국을 끓였는데 이 미역은 보통 미역이 아니다. 뭐 이런 식으로요." 의료협동조합에 대한 애정이 가득 담긴 그의 말에 힘을 얻어 써내려가기 시작했다. 쉽진 않았지만 하고 싶은 말은 많았다.

그로부터 두 달도 안 되어서 그 친구는 갑자기 세상을 떠났다. 어이없이…. 얼마 동안 아무 것도 할 수 없었지만 다시 펜을 들었다. 원고 한 번 봐 주지 못하고 갔지만 그 친구라면 이 글을 보고 뭐라 할까 생각하며 써내려갔다. 이 책이 나오면 틀림없이 기뻐하고 칭찬해 주리라, 아프게 상상이 된다.

금은돌 시인, 참 고맙다.

1장

형들이 병원 만들어서
우리 고용해요

'사람들이 틈만 나면
나를 해치려 한다'고 생각한다면?

날개하늘나리

저녁 해가 저무는
서해안 바닷가
붉은색
노을 잔치가 한창이다

까치노을은
아득한 지평선에서

황혼이 밝은 색이라고
신호를 보내고 있다.

바다 위에서는

꽃노을이 전한다.

저녁노을은

열정의 붉은색

하늘과 땅을 물들일

할 일 많은

여유의 색이라고

2021년 올해 아흔 둘이 되신 아버지가 내신 시집 『들꽃은 말한다』에 수록된 시다.

약국을 하다가 여든 셋에 은퇴한 아버지는 어머니가 다니던 복지관에 나가시게 되었다. 컴퓨터를 배우고 디지털 카메라 다루는 법을 공부하더니 들꽃을 찍기 시작하셨다. 본인 표현에 의하면, "제법 무게 나가는 카메라를 목에 걸고 아픈 허리 구부려 가며 땅에 바싹 엎드려 있는 콩알만한 꽃을" 찍으셨다. 밤늦게까지 컴퓨터 자판을 두드려 시를 쓰고 동영상을 만들어 유튜브에도 도전을 하더니 드디어 시집을 출간하셨다.

몇 해 전에 시작된 실버 합창단에 두 분이 창립 멤버로 참가하셨는데, 정기 공연을 할 때면 최고령 부부라 하여 삼 년 내리 듀엣을 하는 영광을 거머쥐셨다. 그것도 독일 가곡과 미국 노래를 열심히 외워 원어로 부르셨다.

농촌 도시인 안성의 분위기는 부부가 그다지 친하지(?) 않은데, 두 분은 항상 손을 잡거나 팔짱을 끼고 다니신다. 어머니가 관절염으로 다리가 불편하니 넘어지지 않기 위해서 그러시는 거지만 이 동네에서는 화젯거리다. 안성 어르신들의 귀감이 되기도 하고 부부싸움의 실마리가 되기도 한다. 다섯 딸과 사위들도 나이 들어서 부모님처럼만 살면 좋겠다고 생각하고 있다.

두 분은 고혈압과 퇴행성 관절염 외에 다른 질환이 없다. 코로나 이전까지 복지관을 다니며 일본어와 중국어를 공부하고 탁구도 날마다 치셨다. 두 분이 이렇게 건강하게 사시는 첫 번째 이유는 긍정적인 성품 덕인 듯하다. 90이 넘은 연세로 남의 도움 없이 하루하루를 살아가는 것이 어찌 쉬운 일이겠는가. 아침에 눈을 떠 그대로 누워 있으면 아픈 사람이 될 것 같지만, 일어나서 움직이면 또 건강하게 살아진다고 하신다. 어디가 아파도 약을 먹으면 잘 낫는 게 감사하고 매일 아침 화장실에서 일을 볼 때마다 감사해하신다.

그런데 첫 번째 이유보다 더 중요한 것은 '함께' 살기 때문이 아닌가 한다. 어느 한쪽이 먼저 가시지 않고 서로 돕고 사는 것이 적지 않은 힘이 되는 듯하다. 서로를 위해서라도 오늘 하루를 잘 살아내야 하니까. 두 분을 보면 두 사람이 기대어 있는 '사람 인(人)'자가 떠오른다.

두 분만 함께 지내는 것만 아니라 친구들과 어울리는 것도 또 하나의 큰 힘이다. 사람의 수명을 예측할 수 있는 요소 중 단 하나만 뽑으라면 '친구의 수'라는 연구 결과가 있다. 친구가 있으면 같이 운동을 하고 식사도 즐겁게 할 수 있으며 무료하지 않다. 건강 문제가 생겼을 때 도움을 주고받을 수도 있다. 사람은 나이가 들어도 사람들과 같이 있어야 '살아 있다'는 느낌을 받는다. 복지관과 합창단에서 부모님은 친구를 많이 사귀셔서 늘 연락을 주고받고 식사도 같이 하시곤 한다.

실버 합창단의 부모님

한 번은 70대 여성 어르신이 다리에 골절이 되어서 깁스를 하고 집에 있다며 왕진 요청을 하셨다. 혼자 사시는 분이라 했다. 거동이 불편하실 텐데 밥은 어떻게 드시나, 화장실은 또 어떻게, 그러다 또 넘어지시면 어쩌지 걱정이 많이 되었다. 그런데 예상과는 달리 보개면 시골 마을에 살고 있는 그분은 아무 문제없이 잘 지내고 계셨다. 그 동네 어르신들이 마을회관에 가는 대신 그분 집에 모여 같이 밥을 해 먹고 놀기도 하고 계신 것이었다. 아파트에서 볼 수 없는 광경. 마을 공동체가 살아 있으면 건강을 지킬 수 있다!

한 지역 사회를 놓고 볼 때 '사람들이 틈만 나면 나를 해치려 한다'고 생각하는 사람의 비율이 높을수록 그 지역 사회의 평균 수명은 낮아진다는 보고가 있다. 사람들이 서로 믿고 조금씩 기대며 살아가는 것이 건강하게 사는 데 크게 기여한다는 것이다.

그래서 의료협동조합은 개개인의 건강을 지키려 노력하는 동시에 지역 사회의 공동체성을 살리는 일을 중요하게 생각한다.

형들이 병원 만들어서
우리 고용해요

1987년, 의과 대학을 다니던 시절이었다. 당시 활동하고 있던 기독학생회에서 경기도 안성군 고삼면 가유리로 주말 진료 활동을 가게 되었다. 가유리는 안성 읍내에서 8킬로미터 정도 떨어진 전통적인 농촌 마을이었는데, 자생적으로 만들어진 청년회가 농민들의 어려운 현실을 극복하기 위해 활동하고 있었다. 읍내 병원을 다닌다는 건 생각도 하기 힘든 시절이었기 때문에 우리가 진료 활동을 하면 마을에 도움이 되고 청년회가 신뢰를 얻기 좋으리라는 생각에 청년회에서 진료를 요청했다.

의대생과 간호대생 10여 명으로 꾸려진 안성 진료팀을 만들어 2주에 한 번 토요일에 버스를 타고 고삼면으로 갔다. 당시 우리 팀 중 유일한 의사였던 이인동 선배가 레지던트 2년차여서 진료를 맡았고, 약국을 열고 있던 민영미 선배가 약을 공급해 주었다. 마을에 빈집이 있어 그 집을 진료소로 사용하기로 하고 약장도 마련했다. 당시 쇠퇴해 가던 농촌에는 사람이 살다가 떠나면서 버려진 집들이 있었다. 겨울이 되면 청년회원들은 산에서 해 온 나무로 빈집에 불을 때 주었다.

진료와 가정 방문을 하고 나면 이 집 저 집에서 차려주는 저녁을 먹고 빈집에서 열리는 청년회 회의에 함께 참석했다. 아주 작은 마을이지만 그 안에서 사람들을 돕고 농민들의 권익을 찾으려는 이들의 회의를 옆에서 보며 책에서만 보던 '민중의 힘'이 이런 게 아닌가 생각했다.

회의가 끝나면 밤이 깊도록 이런저런 이야기를 나누었다. 당시 여학생들은 남자 선배를 '형'이라 불렀는데 청년회원들한테도 그렇게 불렀다(지금 와서 생각하면 여성이 여성으로 인식되고 싶어 하지 않는, 어쩌면 주체적이지 못한 표현이었던 것 같기도 하다). 청년회원들은 여학생들이 자기들을 '형'이라 부르는 게 좀 우습기도 하고 재미있기도 하였을 터이다. 형들의 얘기가 너무 재미있어서 우리는 배꼽을 잡곤 했다. 농촌 마을에서 살아가는 이야기들이 우리에게는 신선했고, 서울에서 온 대학생들과 대화를 하는 것이 '형'들에게는 새로운 경험이었으리라.

많은 이야기를 나누던 중 같이 병원을 만들어 보자는 제안이 나왔다. 우리는 안성이 좋고 형들이 좋아 여기에서 일하고 싶은데, 마음 좋은 의사가 봉사하는 그런 것 말고 형들이 병원 만들어서 우리를 고용하는 게 더 재미나지 않겠나! 그거 좋겠다! 그럼 어떤 형식으로 하면 좋을까 찾아보기 시작했다.

의과 대학생들이 공부라면 또 남들 저리가라 하지 않나. 생산자 협동조합, 몬드라곤 이야기, 한국 사회 의료 시스템의 문제, 농촌 현실과 의료 문제, 여성 문제, 맨발의 의사, 의료 운동사 등을 공부해서 두꺼운 자료집을 냈다. 여러 차례 세미나를 거친 후 의료생활협동조합(의료생협) 형식을 택하기로 했다. 농민과 시민을 주인으로 세우고 치료와 예방 사업, 건강을 지키는 사업을 해나가는 데는 협동조합이 좋겠다는 결론을 내린 것이다. 만들고 보니 일본에서 이미 40년 전부터 의료생협이 만들어져 활동하고 있음을 알게 되기도 했다.

그 사이에 주말 진료팀에는 한의대 팀이 합류했다. 양방과 한방 진료를 하면서 가유리 상가마을에서 시작된 진료 활동은 가유리 전체로 확대되었고, 가유리 청년회는 안성군 농민회를 만들었다. 이를 중심으로 의료생협 추진위원회를 만들어 홍보 활동을 하고, 안성진료회 회원이던 최정호 한의사와 서윤경 간호사를 중심으로 '안성한의원(안성농민한의원의 전신)'을 1992년 12월에 열었다. 한의원에서 진료 활동과 방문 진료를 하며 조합원을 모으고 추진위원회를 도왔다. 조합원 250여 명과 출자금 1억 2천만 원을 모아 1994년 안성의료생협이 탄생했다. 준비한 지 7년 만이었다.

안성군 농민회 회장을 지낸 이수청 씨가 이사장을 맡았다. 이후 여기저기서 견학을 오고 다른 지역에도 의료생협이 하나 둘 생겨났다. 당시에는 생협법이 없었기 때문에 의료생협은 법적으로 개인 소유여서 세금 문제 등 어려운 일이 많았다. 1998년 생협법이 통과된 후에야 법적 조건을 갖춘 의료소비자생활협동조합으로 탄생하게 되었다. 후에 의사가 아니어도 의료 기관을 설립할 수 있다는 점을 이용한 의료생협이 많이 생겨나 사회 문제가 되었다. 결국 조합원의 참여를 중요시하고 사회적인 역할에 충실하려고 하는 조합은 설립 요건을 보다 강화하여 2013년에 의료복지사회적협동조합(의료사협)으로 바꾸게 된다. 2020년 기준 한국의료복지사회적협동조합연합회에 소속되어 있는 의료사협은 25곳, 조합원 수는 총 48,554세대에 이른다. 그래서 안성의료생협 앞에는 '한국 최초'라는 별칭이 붙게 되었다.

이수청 초대 이사장

1987년 고삼면 가유리 상가마을에서 농민과 의사, 학생들이 만났다. 농민들은 돈이아닌 환자를 위해 진료하는 믿을수있는 가족같이 편한 "주치의,,를 원했다 의료인은 병원은 치료뿐만 아니라 예방 건강증진활동을 통해 사람들이 건강하게 살아가도록 항상 곁에서 도와주어야 한다고 생각했다 그래서 300명의 농민과 의료인들은 1994년 대한민국 최초의 의료협동조합을 만들어 현재는5000가구의 조합원과 110명의 직원이 함께하고 있다

안성의료협동조합 설립 20주년이 되던 2014년, 고삼면 가유리 마을에서 첫
주말 진료를 했던 곳 근처에 기념비를 설치했다.

"농민의원이라고 하면 망한다구!"

"허걱… 의원 이름 그렇게 붙이면 망해!"

1993년, 안성의료생협 추진위원회를 꾸리고 한창 준비하던 때였다. 마침 안성이 고향인 선배를 만나 같이 식사를 하고 있었다. 선배는 '농민의원'이라는 이름을 듣자 먹던 음식이 튀어나올 듯 놀라 말했다. 경영도 생각을 해야지, 그렇게 이념성 있는 이름을 붙이면 어떻게 하냐고 하셨다. 농민은 우리의 먹을거리를 공급해 주는 귀한 분들이지만, 그 시대는 '농민'이라는 두 글자만 꺼내도 '운동권'이라고 생각하던 시절이었다. 사실 우리도 걱정이 안 되는 건 아니었다. 하지만 농민들과 함께 준비한 의료 기관이고, 같이 만들어 온 힘을 믿었다.

병원 이름을 '농민의원'으로 정하는 데는 우여곡절이 있었다. 안성진료회가 처음에는 의대 기독학생회 중심으로 시작했는데, 한의사들이 합류해 진료하면서 의료협동조합을 준비했다.『동의학 개론』이라는 책을 함께 공부하고 서양 의학의 방법론도 알려 주면서 양한방 협진을 준비하던 우리는 의원 이름으로 '공동의원'을 제안했다. 의사와 한의사가 공동으로 일하고, 의료인과 농민이 공동으로 준비하고 소유한다는 의미였다.

그런데 추진위원회 워크숍을 하던 자리에서 당시 집행위원장을 맡고 있던 조현선 씨가 문제를 제기했다. "자본주의에서 소외된 농민들과 당신들이 함께해 온 것이고, 우리는 의료 기관의 주인이 될 것이라는 기대에 부풀어 있는데 '공동의원'은 너무 맥 빠지는 이름이 아니냐. '농민의원'이라고 하자. 이름 때문에 환자가 오지 않으면 그건 우리 농민들이 해결하겠다."며 명확한 입장을 요구했다. 그의 발언은 잘 흔들리는 우리들의 마음에 깊은 감동을 주었다. 우리는 다시금 중심을 잡았다.

조현선 님

조현선 씨는 훗날 안성군 고삼면 고삼농협의 조합장이 되어 오리 농법과 우렁이 농법 등 유기농업을 이끌었다.

우리는 이 날을 한국 최초의 의료협동조합으로서 의료 시스템에서 소외된 이들이 주인이 된다는 방향성에 방점을 찍은 날로 기억한다.

이삿짐을 든 조합원들

"어이, 조심해! 너무 많이 실은 거 아녀?"

"이 책상 보기보다 무겁네."

"계단을 완만하게 하니 짐 옮기기도 좋구먼."

사람들이 잔뜩 모여 길 건너편으로 짐을 옮기고 있다.

안성의료협동조합의 첫 의료 기관은 안성농민한의원과 안성농민의원이었다. 첫 둥지를 안성중앙시장 안의 예식장 건물 1층에 틀었고 자리를 잘 잡았다. 2년이 되어 경영이 잘 되는 듯 보이니 건물 주인은 보증금을 대폭 올렸다. 그때가 1996년인데 보증금을 1억에서 2억으로 올린 것이다. 요즘처럼 임대차 보호법도 없던 시절이었으니 올려 주거나 나가는 수밖에 없었다.

어렵게 다시 돈을 모으고 대출도 얻어 1억을 더 마련했다. 계약 기간이 2년이라 후에 또 어찌 될지 알 수 없는 일이었다. 회의를 거듭한 결과, 일단은 올려줄 수밖에 없지만 1년만 계약을 하고 1년 후에 이사를

가기로 결정했다. 마침 건너편에 건물을 새로 지을 계획이 있다고 하
여 알아보니, 당시에 74평을 사용하고 있었으나 새 건물의 2층으로 가
게 되면 150평을 사용할 수 있었다. 의논 끝에 어차피 돈을 더 써야 한
다면 앞으로의 발전 방향을 생각해 새로 지어지는 건물로 이사를 하자
고 결정했다.

　조합원들은 다시 출자 운동을 하고 설계를 하면서 의료 기관도 더 만
들고 조합원 공간도 마련하자고 꿈을 꾸었다. 우리가 짓는 건물이 아
니어서 건물주에게 이런저런 요청을 했다. 어르신들을 위해 계단의 경
사를 낮춰 달라 요구하고, 계단을 잡고 올라갈 수 있게 손잡이를 달아

달라는 등 세세하게 신경을 썼다. 비용을 최대한 아껴야 하니 다른 병원처럼 화려하게 꾸미지는 못했으나, 구석구석 직원과 조합원의 손길이 닿았다. 당시 초대 이사였던 김영조 이사는 망치와 톱 등을 허리춤에 차고 와서 평상을 만들어 주었고, 임원과 조합원이 함께 벽에 페인트칠을 했다.

드디어 이사하는 날이 되었다. 조합원들은 자신의 트럭과 손수레를 가지고 나타났다. 이삿짐 차는 부르지 않았다. 바로 길 건너편으로 하는 이사였기에 트럭과 손수레에 실어 나르기로 했다. 길을 사이에 두고 조합원들이 이삿짐을 옮기는 행렬을 목격한 실무자들은 이분들이 진짜 주인임을 실감했다. 이사 후 바닥 청소까지 모두의 힘으로 마쳤다. 창조주보다 높다는 건물주의 욕심을 협동으로 이겨낸, 역사에 길이 남을 순간이었다.

이사 간 자리에 조합원의 공간으로 무지개회의실을 만들었다. 여기서 의료협동조합의 수많은 회의가 열리고, 조합원들이 모여 운동과 소모임을 하였으며, 주간보호센터가 없던 시절에 중풍과 치매 어르신을 돌봐드리는 해바라기교실이 열렸다. 나아가 지역에 사람들이 모일 장소가 거의 없던 시절에 시민운동의 산실이 되기도 했다. 이후 3층까지 임대를 하여 치과와 가정간호사업소, 검진센터도 개설하는 등 사업을 확장할 수 있었다.

협동조합의 CEO는 조합원이다. 여럿이 합의를 거쳐 의사 결정을 하기 때문에 진행 과정이 더디고 그래서 답답하게 느껴지기도 한다. 그러나 토론하고 합의를 해나가는 과정에서 내용을 숙지하게 되고, 한 번 더 생각하게 되며, 내 생각과 다른 생각이 있다는 것도 알게 된다. 그러면서 민주주의 원칙을 배운다. 함께 문제를 해결해나가는 과정 자체가 협동조합에는 큰 힘이 되어 한 사람의 유능한 CEO가 결정하는 것보다 더 지혜롭고 훌륭한 성과를 만들어 가게 된다. 이러한 일들을 여러 번 겪다 보니 위기가 닥쳐도 '함께니까…' 하는 든든한 자신감이 생긴다.

나는 오늘도 3동 지점 운영위원회에 CEO들을 만나러 간다.

혼자 애쓰지 말고 같이 해요

의료협동조합에서 일하고 싶었지만 남편이 농민의원 원장으로 일하고 있으니 의사 둘 있는 의원에 부부가 일하기는 좀 그랬다. 고삼 형님들은 "그 집 부부싸움하면 그날은 농민의원 문 닫는 거 아녀?"라고 하기도 했다. 하긴 부부가 같이 휴가도 갈 수 없는 상황이 될 것이었다.

하는 수 없이 집 근처에 새로 들어서는 아파트 상가를 분양받아 '연세가정의원'을 열었다. 개인 의원이지만 조금 다른 모습으로 운영하고 싶었다. 진료실에서만 해결할 수 없는 건강 문제가 많았다. 거동이 불편해서 병원에 오실 수 없는 분도 있고, 몸이 안 좋은데도 해로운 음식을 아무 생각 없이 먹고 있는 분도 많았다. 정규 간호사를 구해 함께 사람들을 모아 건강 학교를 열고, 왕진을 다니며 독거노인 주치의 사업에도 참여했다.

하지만 혼자서 할 수 있는 일은 한계가 있었다. 혼자 신나서 할 때는 재미도 있고 의미도 있지만, 내가 지치면 여태 하던 일은 한순간에 모

래성이 되고 마는 느낌이었다. 그러던 차에 당시 안성의료협동조합 2
대 이사장을 맡고 있던 송창호 이사장이 찾아왔다.

"그렇게 혼자 애쓰지 말고 같이 해요. 의료협동조합 지점을 만들면
어떨까 해요. 이쪽은 아파트 지역이니 주부들이 많이 활동할 수 있게
해 주면 좋겠어요."

아, 지점. 그 생각은 왜 못했을까.

바로 조직을 통합하는 일에 들어갔다. 의원 이름을 공모해 '우리생
협의원'으로 바꾸었다. 환자로 오던 분들에게 의료협동조합을 소개하
여 가입을 권유하고, 조합원이 참여하여 경영할 수 있게 운영위원회를
만들었다. 같이 일하던 간호사와 간호조무사 두 사람도 흔쾌히 동의해
주었다.

본점인 농민의원은 검진센터를 비롯해 일정 규모로 운영을 해야 하
지만 지점은 작아도 좀 더 열린 곳, 언제든 편안한 곳으로 만들고 싶었
다. 건강 문제를 부담 없이 상담할 수 있는 의원, 살면서 받는 스트레스
도 내려놓고 갈 수 있는 의원이 되었으면 했다. 본점에 있던 가정간호
사업소를 지점으로 옮겨 왕진, 노인정 건강 체크와 함께 '다가가는' 서
비스를 했다. 영유아 검진을 일찌감치 시작하여 농민의원의 검진센터
와 함께 '요람에서 무덤까지' 조합원의 건강 관리를 시도했다.

함께 했던 간호조무사 두 사람은 18년이 지난 지금 차장으로 승진해
의료협동조합의 의원 실무를 꽉 잡고 있는 중진이 되었다. 박 차장과
정 차장, 함께 입사 동기가 된 이들이 나하고만 일을 했다면 이렇게 오

래 있었을까 싶다. 조합의 다른 의료 기관에서도 일을 해보고 여러 회의에 참가하면서 어떤 원칙으로 조합을 운영해야 하는지 함께 고민한 과정들, 그러면서 여러 어려운 일을 같이 한 것이 그들의 뼈를 굵게 하고 지금의 그들이 있게 한 듯하다.

의료협동조합으로 전환하고 나서 조합 실무자와 간호사는 해당 지역, 그러니까 안성 3동과 고삼면 지역의 조합원을 가가호호 방문하고 노인정마다 찾아가 건강 체크를 했다. 어린이집 건강검진, 가정간호, 왕진 등 의료 접근성을 높일 수 있는 일은 모두 해보았다. 조합원들은 직접 건강학교를 열었다. 안전한 동네를 만들자고 온 동네를 돌아다니며 '우리 마을 꿈 지도'를 작성하여 위험한 요소가 발견되면 시청에 건의하기도 했다. 모여서 워크샵을 하며 이런저런 꿈을 꾸었다. 우리동네의원이 있는 안성 3동 지점에만 건강을 위해 함께 운동하거나 취미생활을 같이 하는 소모임이 20여 개가 된다.

안성의료협동조합으로 전환하고 나서 어려운 일도 많았지만, 조합원들이 주인의식을 가지고 잘 버티어 주었다. 나중에 의원 자리를 2층에서 1층으로 옮길 때도, 길 건너편으로 옮길 때도 일일 찻집을 열어 출자 운동과 홍보를 함께하는 등 본인 집 옮기듯 열심이었다.

진료를 하다 보면 체력이 달리고 지치는 날도 많다. 그런데 3동 운영위원회가 열려 사람들을 만나면 다시 기운이 난다. 이 일을 하기 참 잘했지 싶다.

협동조합은
내게 필요한 것을 함께 하는 것

3동 지점에서는 해마다 조합원이 참여하는 건강학교를 연다. 2007년부터 여성건강학교, 갱년기학교, 어린이건강학교, 노인건강학교 등을 열었다.

재미있는 것은 담당 실무자에 따라, 준비하는 조합원의 처지에 따라 내용이 조금씩 달라진다는 점이다. 사춘기에 들어서는 딸이 있는 경우는 성교육 및 대안 생리대 만들기, 어린아이가 있는 경우는 육아 정보 및 응급 대처법, 갱년기를 준비해야 할 조합원이 많을 때는 갱년기학교를, 인문학 전공자가 실무를 담당할 때는 치유적 글쓰기 등의 내용이 전개된다.

원래 협동조합이란 '필요'를 조직화하는 것이라 한다. 건강학교는 미리 내용을 정하지 않는다. 연간 계획을 세울 때 대강의 주제와 시기만 정하고, 몇 달 전부터 준비위원회를 꾸려 실무를 협의한다. 실무자와 조합원이 함께 하는 위원회에서 내용을 정하는데, 참여자가 듣고 싶은 내용으로 정하면 성공 가능성이 높다. 초기에는 의사와 간호사가 필요하다고 생각하는 내용을 했는데, 한두 번 참여했던 조합원들이 의견을 내어서 훨씬 더 풍성하고 요긴한 내용이 되었다. 그렇게 하니 준비하는 사람도 재미있고 참여할 사람도 적극적으로 불러오게 된다. 강의하는 사람도 참여자가 원하는 걸 하니 더욱 신나기 마련이다.

'의료협동조합'이라고 하면 말 자체가 생소하기도 하고 뭔가 어려운 일을 하는 곳이라고 아는 사람들이 많다. 건강을 지키기 위해 운동을 하고는 싶은데 혼자서 하기가 쉽지 않으면 비슷한 생각을 하는 사람들이 소모임을 만들면 된다. 걷기, 체조 교실, 몸살림 운동, 요가 등을 함께 모여서 한다. 직접 농사지어서 채소를 길러 먹고 싶은데 혼자는 어렵다. 텃밭 소모임을 만들어 함께 배워 가면서 농사를 짓는다. 그렇게 천연비누도 만들어 쓰고, 칠보 공예도 배우고, 노래도 같이 부른다.

병원에 와야 하는데 거동이 불편해서 못 오는 환자가 있으니 가정간호와 방문간호, 왕진을 한다. 의사가 일하다가 체력이 떨어져 힘들어하면 이사들이 근무 시간을 조정해 준다. 의사들도 협동조합이라고 하면 의사의 헌신만을 요구할 거라 생각하는 사람이 많다. 하지만 협동조합은 합리적으로 여건에 맞게 서로를 배려하여 운영한다고 생각하면 된다.

내게 필요한 걸 조합에서 함께 하니 하기는 쉽고 내용은 더욱 풍성해진다. 내가 하고 싶은 것을 하지만 지역 사회에도 이로운 일을 같이

2014년 어린이건강학교

하는 곳이 바로 협동조합이다. 3동에서 다양한 소모임을 하는 조합원
들의 모토는 '배워서 남 주자!'다.

안성의료협동조합의 의사들

안성의료협동조합에는 인지동에 농민의원과 안성 3동에 우리동네의원, 공도에 서안성의원이 있다(한의원과 치과 제외). 각 의원에 2~3명의 의사가 근무하는데 이인동, 강대곤, 권성실, 박준희, 신희정 원장은 가정의학과, 김선미 원장은 내과, 강명근 원장은 예방의학과, 조원임원장은 소아과로 일차의료에서 필요로 하는 다양한 의사가 일을 하고있는 셈이다.

순환기 내과를 전공한 김선미 원장은 내과 질환에 대한 최신 정보를 우리에게 브리핑해 주곤 한다. 김선미 원장은 의과대학을 다닐 때 의대 학생회장을 지냈다. 의료협동조합연합회에서 학생과 전공의에게 의료협동조합을 소개하는 자리에서 만나게 된 이 친구는 레지던트를 마치고 순환기 내과 전임의를 하다가 농민의원에 의사가 필요하다는 말을 듣고 2년 과정의 전임의를 다 마치지도 않고 왔다. 넉넉지 않은 집안에서 어렵게 의대를 다닌 이 친구가 안성의료협동조합에서 일하게 된 이유는 단 하나, 남을 돕는 의사가 되고 싶다는 것. 보석 같은 친구다.

서안성의원에서 일하는 박준희 원장은 자녀가 넷이나 되기 때문에 저녁에 모임이 있으면 아이 둘 정도는 데리고 올 때가 많다. 힘들 것 같은데 그가 아이들을 대하는 태도는 항상 밝다. 직접 낳은 아이는 둘이고 둘은 입양을 했다. 아이들과 있으면 너무 행복하단다. 진료에서도 동료 관계에서도 사람을 귀하게 대하는 친구다. 고도의 효율성을 중시하는 자본주의 사회에 하늘에서 내린 사람이 아닐까 생각할 때가 많다. 박준희 원장은 학회에서 의료협동조합에 대한 강의를 듣고 찾아와 함께 일하게 되었다. 우리는 의사 구하기가 힘들어 난감한 상황이었는데 레지던트 때부터 찾아와 꼭 의료협동조합에서 일하게 해달라고 해서 내심 엄청 반가웠지만 겉으로는 선심 쓰듯 초빙을 했다.

예방의학 교수 출신인 강명근 원장은 안성의료협동조합에서 하는 예방 및 건강 증진 활동의 큰 틀을 만들었다. 조원임 원장은 소아과지만 어른들의 이야기도 어찌나 잘 들어주는지 펑펑 울고 가는 분도 있다. 소아 비만과 성조숙증 치료를 계획 중이다. 최근에 새로 들어온 신희정 원장은 왕진을 열심히 다녀 벌써부터 환자들에게 인기가 좋다.

일차의료를 하다 보면 각 분야에 지속적인 업그레이드가 필요한데 혼자서는 다 따라가기가 쉽지 않다. 함께 있다 보니 서로 공부해서 가르쳐 주고 학회에 다녀오면 최신 지견을 서로 알려 주어 진료의 수준을 높이려 노력한다. 그래서 새로운 의사가 들어왔을 때 조금은 쉽게

안성의료생협의 의사들. 왼쪽부터 강대곤, 김선미, 박준희, 신희정, 이인동, 권성실, 강명근. 조원임 선생은 같이 사진을 찍지 못했다.

진료에 적응할 수 있다. 의료협동조합다운 진료를 하려면 어떻게 해야 하는지도 같이 고민하여 정리하기도 한다. 2~3명의 의사가 한 의료 기관에서 같이 근무하니 근무 시간을 탄력적으로 조정할 수 있어서 육아 등 여러 가지 사정이 있을 때도 병원을 그만두지 않고 일을 지속할 수 있다.

이런 동료들의 멋진 시너지는 의료협동조합의 큰 힘이다.

사람들 사이에서 도 닦기

　3동 운영위원회가 열리는 날이다. 의료협동조합에서는 위원회에서 운영을 논의하는데 3동에서는 이사 한 사람이 운영위원장을 맡고 대의원 두 사람, 조합원 두 사람이 위원으로 참여한다. 실무자는 우리동네의원, 재가장기요양기관, 요양보호사 교육원, 조합 사업부, 행정 담당자 다섯 명이 참여하여 매달 운영 보고를 하고 안건을 논의한다.

　임인숙 위원이 시작할 때부터 영 울상이더니 끝날 때쯤 이야기를 꺼냈다. 한 달 전 안성의료협동조합의 어느 의료 기관에 다녀왔는데 치료받은 게 잘 낫지 않고 통증이 심했단다. 일주일 뒤에 다시 오라는 말만 듣고 아파도 참다 갔는데, 미안하단 말 한마디 못 들었다면서 많이 섭섭하고 다시 가고 싶지 않다 했다.

　"저런, 왜 그랬을까요. 치료가 잘 안 될 때도 있겠지만 사과 한마디 없었다는 건 좀 그렇네요."

　"저는 대의원이니까 아프면 당연히 우리 의료 기관을 가는데 이런 일이 있으면 정말 마음이 안 좋아요."

"정말 그랬겠네요. 불만 사항으로 접수해서 사실 확인을 하고 이용 위원회에서 논의하도록 할게요."

임인숙 위원은 회의 때마다 경영자적인 측면에서 의견을 잘 내놓는 분이다. 일이 합리적이지 않게 진행될 때는 쓴소리도 잘해서 한번쯤 더 생각하게 해 주는 분이다.

의료협동조합을 하다 보면 '불만'의 목소리를 많이 듣는다. 주인의식이 강하다 보니 그런 것 같다. 주인이 아니면 '에라, 다른 데 가면 되지.' 할 텐데 그러지 않고 와서 얘기를 해 주는 사람이 많다. 기대치가 있기 때문에 더 속상해하면서 얘기를 한다. 불만의 목소리가 들리지 않는다면 그때는 조합이 생동감을 잃었다고 생각해도 좋을 것 같다.

협동조합에서는 조합원이 피고용인이지만 고용주이기도 하다. 의료인들은 의료 서비스를 제공하는 사람이지만 서비스를 제공받는 사람과 늘 만나면서 서비스 내용을 조율해야 한다. 의사결정을 할 때 거수로 쉽게 결정하지 않는다. 다수결로 결정할 수도 있지만 토론을 통해 모두가 공감하고 이해하는 것이 중요하다고 생각하기 때문이다. 합의에 이르기까지 시간이 오래 걸리지만, 그 과정에서 민주적인 훈련이되는 '사람'이 남는 것이 가장 큰 재산이다.

의사가 되면 의사로서의 삶만 살고, 농민이 되면 농민의 입장에 충실하며, 회사원이 되면 회사원으로서의 이로움을 좇으면 된다. 그런데 협동조합을 하면 다양한 삶을 간접 경험할 수 있어 모두에게 이롭고 합리적인 해결 방법이 무엇일까 끊임없이 생각하게 된다. 그래서 우리는 깊은 산에 들어가서 닦는 '도'보다 사람들 사이에서 부대끼며 닦는 '도'가 더 좋은 '도'가 아니겠냐고 말하곤 한다.

"최고 점수 맞으려고 하지 마셔요."

안성의료협동조합에는 의료 기관 세 곳 외에도 재가장기요양기관과 요양보호사 교육원이 있다.

그중 재가장기요양기관은 2008년에 설립되었는데, 2016년에 25세의 사회복지사 유수정 선생이 들어와서 기관장을 맡게 되었다. 50명 정도의 요양보호사들을 몸이 불편하신 어르신 댁에 파견하는 일을 하는데, 자신보다 적어도 20세 이상 많게는 60세까지 연령층을 대하는 일을 한다. 젊은 나이에 쉽지 않았을 텐데 일도 잘하고 성격도 좋아 별문제 없이 기관장 일을 잘 해 내어 칭찬을 많이 받았다.

건강보험공단에서는 3년에 한번 재가장기요양기관에 대한 평가를 한다. 공단에서 제시하는 기준들에 맞춰 경영을 잘했는지 점검하는 것이다.

평가 점수가 좋다고 해서 꼭 일을 잘했다고 볼 수는 없겠지만, 나이 어린 신참에게는 공단의 평가가 보통 부담스럽지 않을 것이다. 게다가 평가 날짜를 얼마 안 남기고 통보하기 때문에 심사에 필요한 많은 서류를 준비하기도 벅차고, 미리 준비한다고 해도 빠지는 서류가 있기 마련이다.

열흘 뒤에 평가를 한다는 공문이 왔다. 실무자는 3동 지점 단체 채팅방에 이 사실을 알렸다. 다들 열심히 해라, 힘내라고 격려한다. 축하한다고 농담도 건넨다.

그런데 3동 담당 이사인 유경선 이사의 말, "최고 점수 맞으려고 하지 마셔요. 허가 취소만 안 되면 됨."

노련한 전임자 때보다 나쁘게 나오면 어쩌나, 안성의료협동조합이 가지는 공신력이 있는데 혹시나 실수가 있으면 어쩌나, 조합 얼굴에 먹칠을 하지는 않을까 별별 걱정이 다 들어 덜덜 떨고 있던 실무자는 이 말 한마디로 긴장이 한순간에 풀렸을 것이다.

유경선 이사

"지난번보다 등급 낮게 나오면 알아서 해라."라고 말할 수도 있겠지만, 그런다고 더 좋은 성과가 나지는 않았을 것 같다. 모든 이사가 다 그렇지는 않지만 유경선 이사는 항상 그랬다. 실무자의 의견을 최대로 존중해 주고 한 번도 트집 잡거나 뭐라 하는 일이 없으면서 실무자들이 필요할 때는 온몸을 바쳐 방패막이가 되어 주었다. 그러면 실무자들은 스스로를 더 점검하고 책임감을 가지며 일하게 되곤 했다.

건강보험공단의 평가 결과는 어떻게 나왔을까. 2017년 입사하자마자 얼떨결에 준비하여 B등급(우수)을 받았고, 2020년에는 A등급(최우수)을 받고야 말았다.

"원장님, 청소할 때 변기도 닦으셔야 해요."

우리동네의원은 예방의학과 강명근 원장과 가정의학과 의사인 나 그리고 간호조무사 세 사람이 함께 일하고 있다. 워낙 좁은 공간에 있다가 조금 넓은 데로 옮기면서 청소 역할 분담을 하게 되었다. 간호조무사들은 진료 대기 공간과 접수실, 수액실, 주사실 등을 맡고 강 원장이 후문 쪽에 담배꽁초를 버리는 사람이 많아 후문 앞을 담당하겠다고 했다. 나는 화장실 청소를 맡았다.

어느 날, 간호조무사 중 한 친구가 "원장님, 청소할 때 변기도 닦으셔야 해요."해서 "아, 깜빡했네. 알았어요."하고 대답했다. 어떻게 보면 직원이 원장한테 화장실 청소 제대로 하라 한 건데, 말하는 직원이나 듣는 원장이나 아무런 거리낌이 없다. 내가 맡은 일인데 놓치고 있는 부분을 알려 준 것이고 나는 고맙게 들었을 뿐이다.

평소에도 문제가 되는 것들을 서로 스스럼없이 얘기한다. 그리고 합리적인 조정 과정을 거친다. 어떤 일이든 담당하고 있는 실무자가 그 일을 가장 잘 파악하는 법이다. 대기실에서 일어나는 일은 접수를 받는 직원이 가장 잘 알고, 진료실에서 일어나는 일은 의사가 가장 잘 안다. 모두가 편하고 즐겁게 일할 수 있도록 최대한의 고려를 하다 보니, 실무자들은 주체적으로 각자 맡은 일을 잘 이행한다. 그렇게 되면 원장 입장에서는 많은 일을 신경 쓰지 않아도 되어 더 편하다. 윗사람 눈치를 봐야 하는 조직에서는 책임감이 떨어지고 자신이 고유하게 해야 할 일보다는 윗사람이 원하는 걸 하는 데 급급한 경우가 많지 않은가.

오늘은 변기가 구석구석 잘 닦이는 솔을 하나 샀다.

한 사람을 만나는 건
한 우주를 만나는 일

아들은 취준생(취업준비생)이다. 한창 여기저기 면접을 봐야 하는 시기인데, 코로나 유행으로 인해 공고도 별로 없고 간혹 있어도 인원을 많이 안 뽑는다. 그야말로 하늘의 별따기를 하고 있는데 가는 데마다 실망스러운 얼굴이다. 채용되기가 어려워서라기보다는 떼로 몰려드는 지원자 앞에 회사는 갑 중에서도 슈퍼 갑이기 때문이다. 면접관들도 가지고 있지 않은 자질과 능력, 헌신성을 신입 사원에게 요구한다. 채용 공고가 떴으니 가볼까 하고 지원하는 건데, 마치 그 회사를 평소에 가고 싶어서 준비를 했다고 하는 사람을 원하는 분위기도 불편하다. 그 일을 하는데 필요한 능력을 가지고 있는 사람을 선발하면 될 터인데, 그다지 필요하지 않아 보이는 여러 가지를 물어보고 평가하려하는지 이해가 안 간단다. 좋게 말하면 자신을 포장하기 싫어하는, 나쁘게 말하면 무미건조하고 팩트만을 중요하게 생각하는 성격의 아들다운 말이다.

"회사에 필요한 능력을 가진 애들은 널렸잖아. 능력이 비슷하다면 좀 더 성격도 좋고 헌신성 있는 사람을 뽑으려는 것 아닐까?"

"그렇긴 하지."

"엄마는 50이 있으면 80이 있다고 할 사람이지만, 너는 50이 있어도 20밖에 없다고 하는 사람이잖아. 오래 사귄 사람들은 너를 알겠지만 면접관들이 너를 어떻게 알겠어. 50이라도 잘 알려 봐."

"맞는 말이긴 해. 하지만 나랑은 안 맞아."

사실 이렇게 청년들이 갈 곳이 없어지게 만든 책임은 기성세대에게 있기 때문에 청년들에게 미안해야 하는데, 오히려 그걸 빌미로 기성세대가 갑질을 하는 것 아닐까. 순간 나도 찔리는 구석이 있다. 우리 조합에 들어오는 실무자를 선발할 때 나는 어떤 마음이었나 반성해 본다.

안성의료협동조합에서는 사람을 선발할 때 이사장과 인사위원회에 속한 이사들, 전무와 행정 담당자, 그리고 해당 기관의 기관장, 같이 일하게 될 실무자가 모두 면접에 임한다. 그러다 보니 면접관이 많아질 수밖에 없다. 어느 실무자는 면접관이 많은 모습에 놀라서 '어? 급여가 요만큼이라 들었는데 훨씬 많았던가?'하고 속으로 생각했다는 일화도 있다. 여러 사람이 동등하게 점수를 매겨 최고점과 최저점은 버리고 나머지 점수를 합산하여 정하는데, 지원하는 사람이 의료생협의 조합원인 경우에는 3점을 더 준다. 동점인 경우에는 함께 일할 실무자가 선호하는 사람으로 정한다. 원장이 추천하는 사람이었지만 함께 일할 실무자가 반대해서 들어오지 못한 사람도 있다.

최대한 민주적이고 합리적으로 정하려 하지만 지원하는 사람이 많아지면 눈빛이 날카로워진 적도 많았음을 인정한다. 우리 조합은 이러한 곳이니 헌신적으로 일했으면 좋겠다는 언질까지도 갑질이었음을 반성한다. 조합을 함께 만들어 갈 한 사람을 만나는 건 한 우주를 만나는 일임을 잊지 말아야지 다짐해 본다.

내게 온 천사

2009년 어느 날 우리동네의원(당시 우리생협의원)에 그 사람이 나타났다. 팔다리가 약간 불편해 보이는 게 뇌혈관 질환이 있던 것 같아 보이는 사람이었다. 그는 들어오자마자 접수대에서 심전도 검사를 누가 하는지 확인했다. 그리고는 보건복지부에서 실사를 나왔으니 협조해달라고 했다. 무슨 영문인지 몰랐지만 뒤져 봐야 나올 게 있겠나 생각했다.

어쨌든 아무 것도 걸리지 말았어야 했는데 몇 가지가 걸리고 말았다. 심전도 검사는 의사가 직접 해야 하는데 조무사가 해 오면 판독을 하곤 했다. 수련 과정에서 파견 나갔던 대학병원 분원에서도 의사가 하지 않고 다른 직원이 하는 걸 보았기 때문에 의사가 직접 해야 한다고 생각하지 못했다. 사실 당시 개인 의원에서 원장이 하는 곳은 거의 없었을 테니, 어느 의원이든 심전도에 관해서는 불법으로 걸리게 할 수 있다는 것을 알았으리라. 또한 가정간호사와 함께 노인 시설을 방문하여 어르신의 의무 기록을 만들고 후에 가정간호사만 방문하여 혈압과 혈당을 체크해 오면 약을 처방해 주곤 했는데, 그것도 불법인 것이었다(지금은 합법이 되었다).

그 과정에서 그 사람은 악마처럼 느껴졌다. 합리적인 조사나 단속이 아니라 무조건 건수를 올려야 한다는 느낌이었다. 노련하게 사람을 들었다 놓았다 하는 태도에 몹시 상처를 받았다. 그 일로 우리생협의원은 3개월 영업 정지와 1개월 의사 면허 정지를 당했다.

개인 의원으로 일할 때 환자가 많았고 내가 버는 일부분을 나누면 된다는 안이한 생각으로 의료협동조합에 합류했다. 그런데 경영 상태가 왠지 자꾸 악화되어 가던 중 그런 일을 당해 조합원들 앞에 얼굴을 들 수 없었다. 그때처럼 많이 울었던 적이 없던 것 같다.

그런데 그 일을 겪은 뒤로 나의 내면에는 큰 변화가 일어났다. 내 것을 조금 양보하여 좋은 일을 하는 의사로 살고 싶었던 화려한 생각은 여지없이 무너지고, 조합원의 도움 없이는 살 수 없는 상황이 되었으니 말이다. 전에는 자신이 옳다는 생각에 빠져 옳지 못한 일에 너그럽지 못했다. '지적질 대마왕'이라는 별칭도 있었다. 그 일을 겪은 뒤로는 스스로 옳지 못했음을 인정할 수밖에 없었기에, 그리 옳지 못한 나 자신을 받아들이니 다른 사람에 대해서도 너그러워지고 '옳고 그름' 보다는 사람 자체를 더 소중히 여기게 되었다.

3개월 문을 닫는 동안 의원을 2층에서 1층으로 옮기게 되었다. 그 과정에서 조합원들은 함께 인테리어를 하고 홍보도 하는 등 열심이었다.

원장이 잘못했음에도 함께 다독이며 더 좋은 조합을 만들자 했다. 경영 상태도 많이 나아졌다. 처음 내원을 하는데 들어오면서부터 웃으며 오는 환자들이 많아졌다. 조합원의 소개를 받고 온 분들이라는 것을 한눈에 알 수 있었다. 그 전에는 조합의 주인이 정말 조합원일까 의구심이 들 때도 있었는데, 그 일을 겪은 뒤로 3동 조합원들은 명실상부한 주인이 되었다. 어디에 가서도 어려움을 함께 이겨내었다고 떳떳하게 자랑한다.

실사를 나왔던 그 사람이 당시에는 악마처럼 보였는데, 내게 온 천사가 아니었을까 하는 생각이 이제 와서야 든다.

2장

나는 우리 마을 주치의

나는 우리 마을 주치의

2011년 어느 날 사계절출판사에서 연락이 왔다. '일과 사람'이라는 그림책 시리즈의 하나로 의사의 직업 세계를 그리는데 의료협동조합을 모델로 하고 싶다고 했다.

여간 부담스러운 일이 아니었으나 피할 수도 없었다. 정소영 그림책 작가가 왔다. 그 분은 진료실뿐 아니라 왕진도 따라다니고 운영위원회에도 함께 했다. 일반적인 의원과는 다른, 의료협동조합에서만 볼 수 있는 모습도 꼭 넣고 싶다 했다. 뒤에 편집진에서 이견이 있었으나 정소영 작가가 강하게 주장을 했다고 한다.

가장 큰 부담은 진료하는 모습이었다. 그저 그러면 어쩌나 했는데 마침 다양한 증상을 가진 분들이 와 주셨다. 다쳐서 꿰매는 아이, 당뇨병이 있는 분, 관절통으로 고생하는 어르신, 감기 환자 등등. 정소영 작가는 옆에서 스윽스윽 스케치를 했다. 진료를 마치고 그림을 본 순간, 부담스러웠던 마음은 어디로 사라지고 "어머나, 이 책 언제 나와요?" 하고 환호했다. 그의 시선은 따뜻했다. 어찌 보면 무미건조한 진료 현장일 수 있는데, 살아 움직이는 사람의 모습과 각각의 상황에서 전해지는 감정선을 그림으로 고스란히 표현해 내는 힘이 있었다.

그의 덕에 푸근한 그림책의 주인공 의사가 되었다. 그림책을 받아 보니 나도 그런 의사가 되고 싶다는 야릇한 생각이 들었다.

『나는 우리 마을 주치의!』 정소영 쓰고 그림, 사계절, 2012.

의사가 할 일이 아니야

안성의료협동조합에는 방문간호사업소가 있다. 국민건강보험의 적용을 받는 가정간호와 달리, 방문간호는 노인장기요양보험에서 비용을 지급받고 요양 등급을 받은 65세 이상 어르신을 대상으로 한다. 1회에 본인 부담 5천 원 정도면 방문간호를 받을 수 있어 집에서 나오기 어려운 어르신들에게는 아주 유용하다.

그런데 방문간호사업소는 늘 적자를 면하기 힘들다. 환자가 요양 등급에 따라 한 달에 노인장기요양보험에서 사용할 수 있는 금액이 한정되어 있는데 그 안에서 돌봄을 제공하는 요양보호사를 받을지, 방문간호사를 받을지, 복지용품을 구매할지 결정해야 하기 때문이다. 더 구체적으로 말하자면, 거동이 불편한 분 옆에 가족이 있지 못하면 요양보호사가 매일 가야 하는데 방문간호사가 가려면 요양보호사의 방문을 하루 빼야만 한다. 이럴 때 환자와 보호자의 선택은 방문간호사보다는 요양보호사다. 욕창이 생겼거나 혈압, 당뇨약을 받아야 하는 경우가 아니면 환자의 기본적인 생활, 즉 먹고 씻고 운동하는 것 등을 도와줄 사람이 훨씬 더 중요하기 때문이다.

의과 대학 시절 실습을 할 때 환자에 대한 의학적이지 않은 문제, 그러니까 약물 치료나 수술이 아니라 돌봄에 관한 문제를 얘기했더니, 레지던트 선생이 "그건 의사가 관여할 일이 아니야."라고 잘라 말했던 기억이 난다. 그러나 오랜 기간 진료를 하다 보니, 의학적이지 않은 일이 환자에게는 훨씬 더 중요할 때도 있다. 병의 회복에 약이나 수술보다 중요한 일도 있다. '돌봄'의 영역은 아무나 할 수 있는 것, 수준이 낮은 일이라고 생각하는 경향이 전문가들에게는 있다.

담도암으로 대학병원에 입원했다가 더 이상 치료할 상황이 아니어서 퇴원을 한 환자가 있었다. 병원에 올 수가 없어 왕진을 가게 되었다. 방문간호사가 갈 수 있도록 방문간호지시서를 발급해 드려야 하기도 했다. 우리 병원을 다니던 분이 아니기에, 그 분에 대해 아는 정보가 하나도 없어 난감하던 중 소견서를 받아왔다고 하길래 반가이 받아들었다. 소견서에는 "진단명: Biliary Ca.(담도계 암) 향후 계획: Conservative care(보존 치료: 암을 낫게 할 수 없으니 영양 공급이나 통증 치료 등을 한다는 뜻)" 외에는 아무런 설명이 없었다. 대학병원에서야 수술과 항암 치료를 해서 살릴 수 있느냐 없느냐(치료: cure)가 중요한 문제이지만, 이렇게 지역 사회로 오면 암이 있는 상태에서 살아야 한다. 그동안 식사는 얼마나 가능했는지, 통증은 어느 정도 진통제로 조절해왔는지, 간 기능은 얼마나 보존되어 있는지, 복수가 차고 있지는 않은지, 변비는 없는지 알아야 한다(돌봄: care). 그래야 현재 단계에서도 환자가 조금은 편하게 지낼 수 있도록 도와드릴 수 있는데 난감한 일이었다.

'돌봄'을 중요시하고 의료진과 비 의료진 사이에 팀워크가 아주 잘 되는 분야가 있다. 바로 호스피스. 얼마 남지 않은 생애 동안 환자가 하고 싶은 일을 하게 해 드리고 가족과의 이별 과정을 잘 도와드리는 일이 통증 치료만큼이나 중요하기 때문에 서로 존중하며 팀으로 접근한다. 몇 년 전, 국립암센터에서 하는 호스피스 교육을 받았는데 교육생들은 이런 말을 하기도 했다. "죽을 때나 돼야 이런 대접을 받네." 암환자는 아니지만 그런 식으로 치료를 했더라면 좋았을 많은 환자들이 떠오른 것이다.

의료계에서 돌봄의 중요성을 인지하고 통합적으로 환자를 돌보려는 자세가 필요하다. 살림의료협동조합에서 일하는 추혜인 원장은 욕창을 치료하러 왕진을 갔다가 보호자가 안 계셔 기저귀까지 갈아준 적이 있다고 한다(『왕진 가방 속의 페미니즘』에서). 환자에게 가장 필요한 것을 어떻게든 해결해 주려는 자세를 가진 소중한 의사다.

의대생 교육에도 돌봄의 중요성이 반영된다면 환자에게는 큰 도움이 될 것 같다. 안성을 비롯한 전국의 의료협동조합에서 의원이나 한의원, 치과만 하는 것이 아니라 가정간호와 방문간호, 재가장기요양기관을 같이 하는 이유도 돌봄이 치료와 동시에 이루어져야 한다는 생각에서다.

나의 항생제 처방률

2020년 2/4분기 우리동네의원의 급성 상기도 감염(감기) 항생제 처방률은 8.9퍼센트다. 올해는 좀 낮은 편이고 보통은 10퍼센트 남짓 된다. 매 분기마다 건강보험심사평가원에서는 각 의원 및 병원의 항생제와 주사제 처방률을 발표한다. 연구 결과에 의하면 상기도 감염에 항생제가 필요한 경우는 10퍼센트 남짓이라고 한다. 물론 바이러스 감염에는 항생제가 필요하지 않지만, 부비동염이나 중이염, 기관지염 등의 세균 감염으로 진행되는 경우가 있기 때문이다. 물론 세균에 감염되어도 항생제 없이 버틸 수 있겠지만, 그러려면 항생제를 쓰지 않겠다는 의지가 환자와 의사 모두에게 있어야 한다.

그런데 의료협동조합을 하기 전 개인 의원을 할 때에는 항생제 사용률이 40퍼센트까지 간 적도 있다. 지역 사회에서 환자를 진료하다 보면 부비동염이나 중이염, 기관지염 등이 한순간에 진행되는 게 아니어서 조금이라도 조짐이 보일 때, 또는 감기가 나을 때가 되었는데 낫지 않을 때 항생제를 쓰게 되는데 그러면 비율이 높게 나오기 때문이다. 혼자서 진료할 때는 잘 낫지 않는다는 말을 들을까봐 좀 더 방어적이 되는 것이다.

의료협동조합은 항생제를 적게 쓴다고 표방하고 있어 조합원들은 항생제 사용의 문제에 대해 많이 듣게 되고, 또한 의사들에 대한 신뢰가 깔려 있기 때문에 적정 진료가 가능하다. 예를 들어 "아이가 감기가 나을 때가 되었는데 누런 콧물이 많이 나오네요. 원래 감기가 나을 때는 콧물이 누렇게 변했다가 낫는 게 정상 코스인데, 계속 누런 콧물이 펑펑 나오면 부비동염을 의심해야 돼요. 제가 보기에 지금 가능성은 반반인데 저 같으면 항생제 안 먹을 것 같아요."라고 얘기하면 마음이 급한 엄마는 써 달라 하고, 조금 천천히 가도 좋겠다는 엄마는 더 지켜보길 원한다. 그리고 후자의 엄마들이 점점 많아진다.

매달 열리는 운영위원회나 이용위원회에 항생제 사용률을 보고한다. 열심히 활동하는 조합원들은 항생제 남용의 문제점에 대해 여러 차례 들은 바도 있고 항생제를 적게 쓰는 조합의 의원을 자랑스럽게 여기기 때문에 주변에 이를 널리 알린다. 그러니 의료협동조합에서는 적정 진료가 가능해진다.

의사도 여러 종류의 사람이 있어 어떤 상황에서도 흔들리지 않는 사람이 있는가 하면, 나처럼 쉽게 흔들리는 의사도 있다. 이런 의사한테는 의료협동조합 같은 시스템이 안전하다.

아이에게 거짓말하지 마세요

독감 백신을 맞는 계절, 열 살 여자아이가 엄마와 함께 들어왔는데 억지로 온 표정이 역력했다. 주사를 좋아하는 아이는 없으니 울음소리도 많이 들리고 부모 자식 간에 실랑이도 많은 편인데, 이 아이는 조금 심한 편이었다.

우리동네의원에 오는 환자의 절반은 소아와 청소년이다. 간혹 진료받을 때 지나치게 저항하는 아이들이 있다. 물론 아이의 성격이 예민한 경우가 그렇긴 하지만, 병원에 대한 안 좋은 기억을 가진 아이들의 저항은 심하다. 아이가 입원해 있을 때 주사를 너무 많이 맞아 주사에 대한 공포심이 남은 경우도 있다. 이런 경험을 가진 아이에게 강압적으로 하거나 거짓말을 하고 덮치듯이 주사를 놓으면 아이의 마음에, 그리고 보호자와의 관계에도 트라우마를 남긴다. 쉽게 해결하려 했다가 두고두고 고생하는 경우가 많다. 주사 맞으러 가는 게 뻔한데 "주사 안 맞을 거야." 하다가 부모가 아이보다 힘이 세니 한순간 아이를 꽉 잡고 푹 찔러 버리면 그 날은 쉽게 맞췄다고 안심할 수 있다. 그러나 다음부터 아이는 부모 말을 안 믿는다. 주사를 맞지 않고 진찰만 하는 날인데도 의심하고 불안해하며 저항한다.

열 살 여자아이를 잘 어르고 달래면서 물어보니, 지금은 몸도 안 좋고 다음 주에 맞았으면 한단다.

"그래, 그러면 선생님이랑 약속해. 오늘 안 맞는 대신 다음 주에 꼭 맞자." 했더니 그러겠단다. 부모는 어이없어 한다.

"애는 항상 그렇게 얘기해요. 다음 주에도 똑같이 말할 거예요."

"그래도 본인이 한 말이 있으니 조금 다르지 않을까요? 다음 주에도 안 맞겠다면 아직 시간이 있으니 일주일 더 미뤄도 돼요. 그러다 보면 맞겠지요. 열 살이나 먹은 아이인데 본인 의사도 중요하지요. 만일 그래도 맞지 않아서 독감에 걸리면 그 다음해에는 맞겠지요." 했다.

다음 주에 그 아이는 오지 않았다. 부모가 다른 병원으로 데리고 간 것 같다. 유난히 겁이 많은 아이일 수도 있겠지만, 본인의 의사를 존중받고 그래서 스스로의 힘으로 공포를 넘어설 수 있게 하지 못한 게 아

쉽다.

조합원들이 의료협동조합을 신뢰하는 이유는 모든 것을 다 공개하기 때문이다. 잘했건 잘못했건 공개를 하고, 문제가 있다면 그에 대한 해결책을 함께 고민하여 찾아나간다. 속이지 않기에 신뢰가 쌓이고, 그 신뢰를 바탕으로 의사의 권고를 잘 받아들인다.

"정직은 가장 좋은 방책이다."라는 세르반테스의 말은 예나 지금이나 진리가 아닐까.

머리가 아프면
CT를 찍어야 할까요?

마흔한 살 여자 분이 내원했다. 편두통으로 이십 년 넘게 고생하고 있는 분이었다. 검사를 이것저것 해보고 약도 네댓 가지 먹어 봤는데 크게 나아지지 않는다고 한다.

이십 년이나 된 난치성 편두통. 다른 치료를 권해도 될까 싶었지만 워낙 힘들어서 목의 근육을 만져 보았다. 편두통인 줄 알았는데, 두개골 아래 있는 근육인 흉쇄유돌근과 두판상근이 뭉쳐서 두통이 생기는 경우가 꽤 있기 때문이다. 상당히 뭉쳐 있어서 살짝 눌렀는데도 비명이 나온다. "두통과 얼마나 관련되어 있는지 모르겠지만 이 근육들만 이완시켜도 도움이 될 것 같아요. 주사를 놓아 드릴까요?" 하니 선선히 그러라고 한다.

주사를 맞고 사흘 뒤에 다시 오셨는데, 두통이 거의 없었다 한다. 물론 편두통이 늘 있는 건 아니어서 계속 그럴지는 두고 봐야 하고, 그동

안 뭉쳤던 근육이 주사 한 번으로 다 풀릴 수는 없어서 몇 번 더 풀어 주어야겠지만, 매일 약 없이는 지내지 못하던 분이 약도 거의 안 먹었다는 걸로 봐서는 일단 성공적이라 보아도 좋았다.

우리나라 국민 90퍼센트 이상이 두통을 겪는다고 한다. 누구나 살면서 몇 번씩은 두통 때문에 집에 있는 진통제를 먹어 보다가 나아지지 않으면 병원을 찾게 된다. 이럴 때는 종합병원을 먼저 갈 게 아니라 동네 주치의를 찾아가야 한다. 전체 두통의 70~80퍼센트는 긴장성 두통으로, 이러한 두통의 대부분은 근육 긴장이 원인이어서 근육 이완제 주사와 스트레칭 등으로 해결할 수 있다. 편두통은 10퍼센트 정도로 알려져 있는데, 4~72시간 동안 머리가 지끈거려 일상생활을 하기 힘들고 구역, 구토 등의 증상이 동반되기도 하는 질환이다. 이는 의사의 진단이 필요하지만 일반인들은 긴장성 두통인데도 한쪽 머리만 아프면 편두통이라고 생각하는 경우가 많다.

중요한 건 뇌종양, 뇌혈관 질환, 뇌염, 뇌막염처럼 두개골 내의 질환이 원인인 경우인데, 이런 경우는 전체의 1퍼센트 미만이다. 갑자기 견딜 수 없이 심한 두통이 생기면 뇌출혈일 수도 있고, 마비 증상이나 간질 발작이 동반되는 경우 바로 응급실을 가야 하지만, 그렇지 않다면 급한 두통은 없다. 동네 주치의한테 가면 간단하게 치료받을 수 있는데, 종합병원에 가서 CT나 MRI를 찍으면서 시간과 돈을 낭비하는 경우가 너무도 많다.

두통은 스트레스와도 관련이 많기 때문에 어려운 일이 있으면 얘기도 들어 주고 통합적으로 접근해서 치료하려는 의사가 중요하다. 전 국민 주치의 제도(환자의 건강 상태는 물론 가족 관계와 생활 환경 등 포괄적이고 지속적인 관리를 할 수 있는 주치의를 두는 제도)를 합리적으로 잘 시행하면 좋겠지만, 그렇지 않은 상황에서는 동네에서 나의 건강을 지속적으로 관리해 줄 수 있는 의사를 찾아 주치의로 생각하고 방문하는 것이 좋다.

그런 역할을 잘 하기 위해 만들어진 조직이 의료협동조합이라고 할 수 있다.

혈압약,
끊을 수도 있겠는데요

오십 대 후반의 여성분이 얼굴에 가득 웃음을 머금고 들어왔다.

"어제 왔다가 선생님 근무가 아니라고 해서 오늘 다시 왔어요."

"에구… 왜 그러셨어요?"

"제가 요즘 운동을 진짜 열심히 해서 혈압이랑 혈당이 엄청 좋아졌
는데 선생님의 리액션을 보고 싶어서요."

"네? 하하하!"

비만으로 고혈압이 오래되어서 진작부터 운동을 적극 권했지만, 이
핑계 저 핑계 대던 분이다. 최근 검진에서 공복 혈당이 130mg/dl로 정
상치인 100mg/dl를 훌쩍 넘어서서 더 이상은 안 되겠다 생각했는지
드디어 운동을 시작했다. 석 달 동안의 평균 혈당치를 나타내는 당화
혈색소도 6.4퍼센트(정상 6.0퍼센트)이어서 6.5퍼센트가 되면 약을 복
용해야 하는 상황을 피하고 싶었다. 정말 열심히 하루에 이만 보 이상

걷고, 집에서 혈압과 혈당을 체크하여 의료협동조합에서 만들어 드린 만성질환관리수첩에 깨알 같이 적어 오셨다. 수치는 계속 떨어져서 한 달 만에 혈압 약을 줄일 수 있을 정도가 되었고, 혈당은 정상에 가까워지고 있었다. 그렇게 무겁고 아프던 몸이 아주 가벼워졌단다.

"정말 놀랍네요! 이 나이에 이렇게 하시다니 말할 수 없이 훌륭하신걸요! 이대로 쭉 하시면 혈압 약을 끊을 수도 있겠어요."

"바로 그 말을 듣고 싶었어요. 열심히 한 보람이 있네요!"

칭찬은 고래도 춤추게 한다더니 너무나 좋아하셨다. 아마도 그동안 얼마나 말을 안 들었는지 잘 알고 있는 주치의한테 칭찬을 듣고 싶으셨으리라.

고혈압이나 당뇨병이 있는 경우 운동의 효과는 아무리 강조해도 지나치지 않다. 운동과 식이요법으로 약을 끊게 되는 사람도 가끔 있다. 대개 운동은 개인의 몫으로 두는 경우가 많은데, 안성의료협동조합에서는 많은 운동 소모임과 건강실천단을 꾸려 함께 건강을 관리하고 있다. 건강할 때 건강을 지키기 위해서이기도 하고, 만성 질환을 치료하기 위해서이기도 하다. (간혹 먹던 약을 끊고 운동과 식이요법 또는 기 치료 등을 하는 사람도 있는데, 그건 지혜롭지 못한 일이다. 앞의 환자처럼 계속 모니터링을 하면서 주치의와 상의해 약을 조절해야 한다.)

의사들은 주로 병과 약에 대해 공부하지만, 어떤 사람에게는 건강한 음식과 운동이, 친구가 약이기도 하다. 움직이지 못하는 사람에게는 왕진, 요양보호사, 가정간호사가 필요하다. 장애를 입어 방과 화장실

높은 문턱이 힘겨운 사람에게는 문턱을 낮춰 주는 누군가가 의사 역할을 하는 것일 수도 있다.

그래서 의료협동조합에서는 '서로가 서로에게 의사가 되어 주자'고 한다.

간신히 왕진을 마치다

왕진을 갔다. 마흔여덟 살 남자. 그와 함께 사는 노모 말씀으로는 고등학교 때 친구한테 머리를 심하게 맞은 뒤로 조현병이 되었다고 한다. 공부도 아주 잘하고 그림도 잘 그렸는데, 병에 걸리고 나서는 집에만 있고 대인기피증도 생겨 병원에 데리고 나올 수가 없단다. 정신과약은 결혼해서 수원에 사는 누나가 대신 가서 받아 온다. 안성시 정신보건센터에서 가끔 방문해 약을 잘 먹고 있는지 체크하는 것 외에는 대인 접촉이 없는 분이다. 한 달 전에 처음 방문했는데 피부에 생긴 무좀 덕에(?) 거부당하지 않고 진료할 수 있었다.

오늘은 세 가지 임무를 완수해야 한다. 지난 번 방문 때 혈압이 높았기 때문에 다시 체크하여 투약 여부를 결정해야 하고, 발톱이 안 좋다 하여 발톱무좀인지 확인을 해야 하며, 정신과 약을 처방받는 병원에서 검사가 필요하니 혈액을 채취해 달라는 요청을 받았다.

내가 온다는 걸 모르고 있었나 보다. 내 얼굴을 보자 "왜 왔어요? 가세요. 진료 안 봐요." 하신다. 처음 보는 사람 같았으면 당황했을 텐데 "어머나, 나 바쁜 사람인데. 어렵게 시간 내서 왔는데 그러시면 내가 섭섭하잖아요." 하니 살짝 누그러진다.

"잘 지내셨어요? 저번에 피부약 먹고 어땠어요?"

"좋아지고 있는데 또 재발할 것 같아요."

"그건 습하면 재발을 잘하는 질환이니 땀이 차지 않도록 주의하시면 덜할 거예요. 좀 봐도 될까요?"

"싫어요. 부끄러워요."

"어쩌나. 하지만 경과를 봐야 하니 요쪽으로 조금만 들춰서 볼게요."

간신히 동의를 얻어서 피부를 보았다.

"많이 좋아졌네요."

"이제 혈압을 재야 하는데…."

"절대 안 재요. 지금 먹는 약도 지겨운데 혈압 약까지 먹을 생각 없어요. 그냥 죽을래요. 사는 게 너무 힘들어요."

"약이 너무 많으니 그런 생각이 들만도 하겠네요. 그런데 말이에요. 원래 혈압이 괜찮은데 저번에 저를 처음 보고 긴장해서 일시적으로 높았을 수도 있어요. 오늘 재 보고 괜찮으면 안심이 될 수도 있는데…. 만일 그래도 높으면 약을 먹을지 말지는 다시 생각해요."

간신히 혈압을 쟀다. 다행히 122에 80, 정상이다.

"그거 봐요. 재기 잘했지." 하니 씨익 웃는다.

"아, 발톱이 아프다면서요. 한번 볼까요?"

이번엔 선선히 보여 준다.

"발톱무좀이네요. 잘 됐어요. 저번에 피부 때문에 먹던 약으로 이어서 6-12개월 동안 일주일에 한 번씩 먹으면 돼요."

이제 혈액 채취를 해야 할 차례다.

"지금 먹는 약이 백혈구를 떨어뜨릴 수도 있어서 확인해야 되고, 혈압이 있으니 콜레스테롤도 높을 가능성이 있어요. 무좀약을 먹었으니 간 기능 검사도 필요하고…."

이런저런 말로 설득해 보지만 완강하다.

"환자의 자기 결정권이 있는 것 아니에요?"

아차, 정신 질환이 있어서 그렇지 원래 똑똑한 분이다.

"맞아요. 하지만 환자는 의사의 권유를 따라야 할 의무도 있지요."

"저번에 다른 병원에서 와서 피를 여러 번 뽑아 가서 너무 싫었어요."

"아, 안 좋은 기억이 있군요. 정말 싫었겠네요. 그러면 검사한 지 일 년이 안 됐으니 올해 가을에는 하기로 해요."

"그때 가서 생각해 볼게요."

만만치 않다. 하지만 아주 급한 게 아니라면 본인 의사를 존중하는 것이 다음 치료에 도움이 되리라는 생각에 이 정도로 만족한다.

그는 방으로 들어가더니 스케치북을 가져와 자신이 그린 그림을 보여 준다. 그림이 꽤 훌륭하다. 아프기 전에는 훨씬 더 잘 그렸다고 노모는 열심히 설명하신다. 마음이 조금 열리는지, 사람들이 자기에 대해 수군거려서 만나기 싫다고 마음을 내보인다.

"텃밭 농사를 지어 보면 어떨까요? 저도 해봤는데 작물을 키워 보니 너무 소중하고 좋던데요."

내 말을 듣더니 그의 눈이 잠시 빛난다.

"전에 농사짓다가 아버지한테 혼난 적이 있어서 싫어요."

또 실패. 쉽게 움직일 리 없지. 세 가지 미션 중 두 가지밖에 해내지 못한 의사지만 잠시나마 마음이 통했음에 위안을 얻고 집을 나선다.

그래도 의사라서 기피하지 않고 나를 만나 주니 얼마나 다행인가.

약이 바뀐 거 아녀요?

"약이 바뀐 거 아녀요?"

평소 잘 알고 지내는 조합원에게서 전화가 왔다. 얼마 전 구내염이 생겨 약을 지어 갔는데 먹은 느낌이 하나도 안 난단다. 약 사진을 찍어 보냈는데 흰색 약이 붉게 보여 약국에 확인했더니 빛 때문에 붉게 나온 것이지 약은 맞단다.

"약은 맞대요. 다시 와 보세요." 했더니 약을 들고 왔다. 입안을 들여다보니 구내염으로 인한 궤양이 더 심해졌다. "에구, 요즘 무리하더니 몸이 많이 힘들었나 봐요. 너무 심하니까 진통제 한 알로는 간에 기별도 안 간 거예요. 진통제 좀 세게 쓰고 비타민제도 같이 처방했으니 드시고 가글도 해 주세요." 했더니 주사까지 놓아 달라고 애원을 해서 맞고 돌아갔다.

처방해 준 약이 잘 안 맞는다고 말해 주면 고마운 일이다. 그러면 거기에 맞게 대처를 할 수 있기 때문이다. 좀 더 기다려 봐야 한다거나,

약을 바꾸거나, 아니면 좀 더 빨리 낫는 방법을 함께 모색해 볼 수 있다. 그런데 잘 낫지 않는다고 다른 병원을 가 버리면 같은 종류의 약을 처방받아 앞선 과정을 또 겪거나 불필요한 처방을 받을 수 있다. 어떤 질환이나 증세로 병원을 찾으면 가장 보편적으로 쓰는 약을 먼저 쓰고, 호전되지 않거나 부작용이 있으면 다른 약을 쓰기 때문이다. 빨리 낫게 하려고 갑자기 단계를 높여서 처방을 하게 될 수도 있다.

환자들은 의사가 하는 처방에 대해 왈가왈부하기를 불편해하는 경우가 많다. 그러면 환자도 손해를 보고 의사도 피드백을 받지 못하게 된다. 혹 의사를 바꾼다면 처방받았던 약의 이름을 알려 주는 게 좋다.

잘 낫지 않으면 의사가 처방을 잘 못한다고 생각할 수도 있고, 낫지 않는다고 말하는 게 괜히 미안할 수도 있다. 늘 바빠 보이는 의사를 붙잡고 오래 상담할 엄두가 나지 않기도 할 것이다. 그러나 아픈 사람은 의사를 잘 이용해야 한다. 그렇게 이용하라고 만든 조직이 의료협동조합이다.

이삼 일 뒤, 주사까지 맞고 간 분에게서 많이 좋아졌다고 기별이 왔다.

좌충우돌 주치의

주간보호센터 준비 모임을 하는 날이다. 다들 활발하게 회의를 하는데, 당뇨병이 있는 이사님이 당이 떨어지는 듯 기운이 빠지신단다. 저혈당 가능성에 마음이 급해졌다. 당뇨 환자들이 겪는 저혈당은 초기에 조짐이 있을 때 얼른 당을 보충하지 않으면 심한 경우 의식을 잃을 수도 있기 때문이다. 혈당을 측정해 볼 수 없는 상황이라 얼른 사무실로 가서 과자를 가져다 드렸다. 웃으며 받더니 드시지는 않는다.

"왜 안 드세요? 얼른 드세요."

"좀 괜찮아진 것 같아요."

회의가 끝나고 말씀하시기를, 어떻게 혼자만 먹느냐 하신다. 순간 나의 속없는 행동을 깨달았다. 같이 회의하는 사람들 몇 명 되지도 않는데, 센스 있게 하나씩 다 돌렸으면 이사님을 환자 취급하지 않을 수 있었을 것을.

남자는 다급한 목소리로 벌목꾼이 나무 밑에 깔려 꼼짝도 못하고 있다고 말했다. 의사는 정확한 위치를 알아보라고 약제사에게 말하더니, 갑자기 수화기를 집어 들고 직접 통화했다. (중략) 좁은 길을 운전해가는 동안 그는 엄지손가락으로 계속 경적을 울렸다. 앞에서 오는 차들에게 경고를 주기 위해서일 뿐 아니라, 나무에 깔린 사람이 그 소리를 듣고 의사가 오고 있다는 것을 알 수 있게 하기 위해서였다.

『행운아: 어느 시골의사 이야기』(존 버거 글, 장 모르 사진, 김현우 옮김, 눈빛, 2004)의 첫 장면이다. 존 사샬이라는 의사가 1960~1970년대 영국의 척박한 시골 마을에서 의료 활동을 하는 것을 작가인 존 버거가 지켜보며 써내려간 책이다. 그는 질환뿐 아니라 그 질환을 가진 사람이 살아온 삶의 맥락에 녹아드는 치료를 한다. 환자를 마음속 깊이 이해하고 알기 위해 '환자와 공통점이 있는 모습으로 스스로를 드러내며' 마을의 평범한 일원으로 '총체적'인 삶을 살아가는 행운아가 된다. 위에 인용한 첫 장면에서 시골 의사는 나무 밑에 깔려 공포에 질린 사람에게 자동차 경적으로 희망을 전하고 있다.

이같은 마을 의사, 병보다 사람을 먼저 볼 줄 아는 의사가 되고 싶어 의료협동조합을 하지만 또 이렇게 실수를 한다.

팩트와 스토리 사이

혈압과 당뇨, 고지혈증 등으로 의원에 다니는 칠십 대 여성분이 간 기능 수치가 높다는 말을 듣고 걱정에 잠이 안 온다며 내원하셨다. 최근 혈압이 갑자기 올라 응급실에 갔다가 혈액 검사를 하고 나온 결과였다.

"대학병원에 가야 할까요?"

"바이러스 간염도 아니고 초음파도 정상이었다니, 간에 부담을 줄 수 있는 것들을 드시지 말고 지켜봐도 될 것 같아요."

"가족 중에 간경화로 돌아가신 분이 있어 걱정돼요."

"아, 그럼 걱정이 많이 되시겠네요. 간장약 몇 주 드시고 나서 검사해 보고 대학병원에 갈지 말지 생각하셔도 될 것 같아요. 그것보다는 혈압이 문제인데 전에 드시던 약을 다시 드셔야겠어요."

운동을 열심히 해서 체중을 줄이고 혈압이 낮아져 혈압 약을 끊은 지 한참 된 분이다.

"어제 아침 반 알, 저녁에 한 알, 오늘 아침 반 알 먹었어요."

"한 알 드시다가 안정이 되면 반 알 드시는 게 좋겠어요. 혈압이 좋아졌었는데… 스트레스가 있지 않으세요?"

"남편이랑 너무 안 맞아요. 이렇게 아픈데 남편한테는 말도 안하고 조카 불러서 응급실 갔어요."

남편이 얼마나 스트레스를 주는지 이야기가 이어진다.

"남편한테 스트레스를 받는데 코로나 때문에 사람들을 만날 수가 없으니 어디 말할 데도 없어 힘들어요. 전엔 피아노를 치면서 위로를 받았는데 눈이 잘 안 보여 그것도 어렵고 너무 우울해요."

가족으로부터 스트레스를 받으면 친구를 만나 풀거나 취미 생활로 위안을 얻어야 할 터인데 코로나 상황에서 그것도 안 되니 답답하다. 그다지 높지 않은 간 기능 이상에 잠까지 못 주무시는 게 건강 염려증이 아닌가 생각할 수도 있지만, 가족 중에 간경화로 돌아가신 분이 있다면 이해가 간다. 진료실에서라도 잠시 털어놓을 수 있는 게 이 분의 혈압 조절과 간에 대한 걱정에 조금이나마 도움이 되지 않을까 위로해 본다.

의사들은 팩트만 이야기하도록 훈련받는다. 수련의 시절 환자에 대해 장황하게 보고하면 날벼락이 떨어지기도 했다. 진료실에서도 바쁜 시간에 이야기가 길어지면 스트레스 지수가 올라간다.

그러나 환자가 느끼는 증상에는 스토리가 있기 마련이라, 혈압이 높으면 혈압 약이라는 식의 단답형으로만 문제를 풀 수 없다. 괜찮던 혈압이 왜 오르게 되었는지 알아야 치료가 되지 않겠는가. 검사 결과라는 팩트도 스토리로 전달되어야 한다. "엑스레이 검사 결과 정상이니 기숙사 들어가도 되겠어요."라든가 "혈당이 조금 높네요. 은퇴를 하셨으니 이제 하루의 시작을 운동으로 해보세요." 등등. 의사들은 팩트에 능하지만, 환자의 삶의 맥락에 따라서 팩트의 의미가 무엇인지 파악해야 한다. 정상과 당뇨의 경계선에 있는 혈당도 그 사람이 놓인 상황에 따라 의미가 다르다. 더 높았던 사람에게는 희망의 의미이고, 새로 진단 받은 사람에게는 뭔가 삶이 달라져야 한다는 의미, 집안에 당뇨병 환자가 많고 심한 합병증까지 경험한 사람에게는 재앙의 의미로 다가오기도 한다.

대학병원에 다녀온 환자들은 궁금한 게 있어도 물어볼 수가 없다며 동네의원에 와서 물어본다. 팩트만 몇 가지 전달받았는데 그것이 무슨 의미인지, 어떻게 해야 하는지 잘 모르고 오는 경우가 허다하다. 그러면 동네의원에서는 그 환자의 여러 가지 상황을 잘 알고 있는 주치의가 다시 스토리로 구성해 이야기해 주면 그제서야 이해를 하는 분들이 많다.

영국의 의과대학에서는 의대생들에게 지역 사회에 사는 환자 한 사람을 주기적으로 방문해 졸업할 때까지 경과를 지켜보도록 한다고 한다. 의사가 팩트만 보는 것이 아니라 그 팩트를 가진 사람의 스토리를 읽게 만드는 것이다. 그러면 질병을 가진 사람의 삶을 중심으로 병을 바라보는 시각이 조금은 나아지지 않을까.

대개의 의사들은 수련의 시절 큰 병원에서 위중한 환자만 돌보다 나오기 때문에 감기나 장염 같은 '하찮은' 질환은 우습게 여기는 경향이 있다. 허구한 날 변하지 않는 만성질환자들이 식이요법과 운동을 잘하도록 안내하는 것도 귀찮은 일이 된다. 의학 드라마에서도 죽을 뻔한 사람을 살리는 의사가 훨씬 멋있지 않던가.

하지만 사람들이 일상을 살면서 건강 문제가 생기면 어떤 어려움을 겪는지 잘 이해하고 안내하는 의사가 지역 사회에는 필요하다. 그런 의사를 키워 내는 교육도 필요하고, 그런 의료를 장려하는 정책도 필요하다.

장벽을 걷어내는 의사가 되고 싶다

인턴으로 강남세브란스(당시 영동세브란스병원)에서 일하고 있을 때였다. 바빠서 주말 진료를 못 가고 있었는데 안성 진료팀 후배에게서 연락이 왔다. 고삼면 이 모 씨가 가래에 피가 섞여 나와 엑스레이를 찍게 했더니 결핵이 발견되었단다. 결핵뿐 아니라 암을 감별해야 하는 의심스러운 부분도 있어 입원해서 검사를 해야 하니 강남세브란스로 가시라 했다는 것이다. 수속을 도와주었는데 결핵 때문에 격리 병실을 써야 해서 1인실로 들어가게 되었다.

지금은 전염의 위험 때문에 격리 병실을 쓸 때는 상급 병실료를 내지 않아도 된다. 하지만 그때는 그런 시스템이 없었다. 1인실을 쓴다는 건 경제적 부담이 큰 일이었다. 병원비 때문에 안절부절못하던 그 분의 입원과 치료를 돕느라 나는 이리저리 바쁘게 움직이고 있었다.

"선생님이 왜 저런 분을 알아요? 운전기사예요?"

같이 일하던 간호조무사가 내게 물었다.

한눈에 봐도 촌에서 온 게 분명해 보이는 사람이 의사와 친하다는 걸 이해할 수 없다는 얼굴이었다.

까무잡잡한 얼굴에 행색은 초라하고 본인 몸보다 치료비를 걱정해야 하는 이 모 씨는 안성 진료를 다니는 몇 해 동안 '형'이라 부르며 친해진 사람이다. 주말에 안성으로 진료를 다니면서 그런 분들이 심어 놓은 모가 쑥쑥 자라 쌀알이 열리는 모습을 신비롭게 바라보곤 했다. 그렇게 농사를 짓는 소중한 분이었다. 그러나 도시 사람과 농민 사이에는 장벽이 있었다.

금강산 관광이 한창이던 때 우리 가족도 금강산을 다녀왔다. 군사분계선을 사이에 두고 마치 외국에 나가는 것처럼 수속을 하고서야 금강산으로 갈 수 있었다. 나의 부모님이 살던 고향이고 나와 같은 민족이 사는 곳이지만 평소에 잊고 살던 장벽을 실감한 순간이었다.

몇 년 뒤, 그 장면과 오버랩되는 상황이 있었다. 평택 쌍용자동차 공장에서 구조조정으로 한순간에 일터를 잃은 노동자들이 76일간 점거 농성을 하던 때였다. 전기와 물 공급도 끊어진 상황에서 농성을 벌이고 있는 그들에게 의료 지원을 간 적이 있다. 들어가는 길은 멀었다. 경찰이 한 사람 한 사람 체크하고 우리가 가지고 들어가는 의약품을 일일이 조사한 다음 농성장으로 들어가는 길을 열어 주었다. 안성에서 평택까지 30분이면 닿는 거리인데, 공장 앞에서 노동자들을 만나러 가는 길은 그보다 훨씬 멀었다. '북한에 가는 길 같은 느낌이네. 쌍용자동차는 안성과 평택 지역에서 제일 자랑스러운 직장 중 하나였는데,

이 장벽은 누가 세웠을까….' 엄청난 스트레스 상황에 놓인, 장벽 너머의 그들은 거의 다 아팠다.

우리 삶에는 수시로 여러 가지 장벽이 세워진다. 여성과 남성, 무언가를 가진 사람과 못 가진 사람, 정치적 성향 등등으로. 사람 사는 세상에 장벽이 세워지곤 하는 것은 어쩌면 당연할 수도 있다. 하지만 장벽은 허물라고 있는 것 아닐까.

도시에 살고 대학을 다니며 공부도 많이 했지만, 농촌에 다니며 장벽을 허물어 보니 그곳에서 소중하게 삶을 일구어 나가는 사람들을 만났고, 그 만남이 장벽이 있을 때보다 우리의 삶을 풍성하게 했다. 그리고 협동조합을 통해 많은 장벽을 걷어내길 바랐다.

그러기 위해 협동조합은 여러 방법을 동원한다. 농민과 지역 주민들을 의료 기관의 경영 주체로 세우고, 의료 제공자는 의료 소비자와 수시로 소통한다. 의료 기관에 오지 못하는 사람들을 위해 왕진 등 여러 방법으로 다가간다. 지역의 여러 사회 단체들과 연대한다.

장벽이 조금은 낮아졌을까. 아직도 갈 길은 멀다.

한밤중에 걸려온 전화

　잠을 잘 자는 편인데 웬일로 새벽 4시쯤 잠을 깼다. 시간을 확인하려고 스마트폰을 보는데 부재중 전화가 찍혀 있다. 그것도 1시 12분에. 전화를 건 사람은 이전에 안성의료협동조합 대의원을 했던 분인데, 자주 연락하는 사이는 아니다.

　직업병이 발동한다. '많이 아프니 전화를 했을 텐데… 얼마나 급했으면 실례를 무릅쓰고 그 시간에 전화를 했을까. 웬만한 상황에서는 응급실에 가는 게 빠를 텐데 전화를 한 이유가 뭘까. 지금이라도 전화해 볼까?' 심하게 고민이 된다. 잠이 오지 않는다. 한여름 밤은 선풍기를 틀어도 덥고, 밖에는 폭우가 쏟아지는데도 땀이 계속 난다. 지금 전화를 하면 식구들이 다 깰 텐데. 혹시 버튼을 잘못 누른 건 아닐까? 급한 상황이었어도 지금쯤은 상황이 정리되어 잠들었는데 내가 공연히 깨우는 것일 수도 있다. 아, 어쩌나. 그냥 빨리 잠들어 버렸으면 좋겠는데 그러지도 않고 덥기만 하다. 괜히 애들은 잘 자고 있나 둘러보고 온다. 마침 멀리 있는 아들도 집에 와서 자고 있어 내가 숨어서 전화할 방도 없다. 에라, 아침에 전화해 봐야지 하고 다시 잠을 청했다.

아침에 일어나자마자 전화를 했다.

"어쩐 일로…?"

"전화했던데요? 급한 일이 있었던 거 아니에요?"

"어머나, 제가 한밤중에 번호 정리하다가 잘못 눌렀나 봐요. 죄송해서 어쩌지요?"

"아, 그럼 다행이네요. 아침에 보고 깜짝 놀라서요."

어쩔 줄 몰라 하는 목소리를 듣고 안도하며 전화를 끊었다.

의외로 오는 전화에 예민해지는 건 모든 의사의 직업병이다. 오래 연락이 없던 친구가 전화하면 십중팔구 아픈 소식을 전하는 경우다. 한밤중 전화는 어찌 보면 짜증이 날 수도 있지만, 그보다 걱정이 앞서는 이유는 그분에 대해 평소 고마운 마음을 가지고 있기 때문이다. 그분은 3동 대의원으로 오랫동안 수고했고, 의원을 옮길 때 같이 장소를 찾아다니며 인테리어 설계도 같이 한 적이 있는 분이다.

한밤중 전화도 반드시 받아야 한다는 의무가 주어진다면 기꺼이 따를 리는 없다. 하지만 협동조합에서 맺어진 관계는 내가 힘든 것보다 걱정을 앞서게 만든다. 이게 바로 협동조합의 힘이 아닐까.

실무자를 귀하게 여겨 주세요

실무자를 귀하게 여겨 주세요.

우리가 의료사협에서 일하는 이유는 사람을 귀하게 여기고 싶기 때문이라 생각합니다. 환자가 병원의 돈벌이 대상이 되는 것을 거부하고 지역 사회에서 함께 건강을 지켜 나가고 싶기 때문인 것은 조합원님들이나 실무자들이나 같은 마음이겠지요. 박봉에도 불구하고 그런 일을 함께 하겠다고 의료사협에 들어와 일하는 친구들은 정말 귀하고 기특한 사람들입니다.

의료사협이 하려고 하는 일, 하고 있는 일을 여러 가지로 표현할 수 있겠지만 그 중 가장 중요한 것, 이게 없으면 아무 소용이 없다고 해도 좋은 일은 '사람을 귀하게 여기는 것'입니다. 의료 기관에서 환자분을, 조합 사무실에서 조합원님을 귀하게 여기지 않는다면 언제든 지적을 해 주시기 바랍니다.

하지만 의료 기관에서, 조합 사업부에서 보다 나은 지역 사회를 위해 애쓰고 있는 실무자들도 귀하게 여겨 주시면 감사하겠습니다. 저희는 여태까지 20년이 넘도록 서로를 신뢰하고 사랑하는 마음으로 이 일을 해 올수 있었고 타 지역의 의료협동조합에서도 그것을 배우러 오는 것이라 생각합니다.

여태까지 어려운 일들 함께 해 오신 이사님들, 대의원님들, 조합원님들 모두 사랑하고 존경합니다. 그리고 앞으로도 그러한 마음이 계속 이어져 갔으면 합니다.

끝까지 읽어 주셔서 감사합니다.

2017. 11. 20

안성의료사협 직원 대의원 모임 드림

안성의료협동조합에는 환자가 드나드는 진료 대기실과 조합원이 드나드는 사무실에 이러한 문구가 붙어 있다. 언젠가 사무국에서 조합 사업을 담당하기 위해 입사한 지 얼마 안 된 실무자가 대의원한테 심하게 야단맞는 것을 보고 직원 대의원 모임에서 논의해 써 붙이게 된 글이다.

최근 우리동네의원 접수에서 검사 결과를 알려 주지 않았다고 의원을 뒤집어 놓을 듯 화를 낸 사람이 있었다. 간호조무사가 전화를 했는데 받지 않아 문자를 남겼다고 했더니, 누가 문자를 일일이 보냐고 화를 내는 데는 할 말이 없었다. 접수에 있던 간호조무사는 그날 밤 잠을 이루지 못했다. 의료협동조합에서 일한 지 16년 된 베테랑인데도 말이다. 이후 그 친구는 위의 글을 우리동네의원 여기저기에 몇 개 더 붙였다.

어디나 조그마한 불만을 가지고도 심하게 화를 내는 사람이 있다. 잘 못된 일이 정상적인 방법으로는 고쳐지지 않았던 경험 때문일 수도 있다. 그런데 협동조합을 만들어 일을 하는 가장 큰 이유는 서로 돕는 데 있다. 서로 돕는다는 것은 많이 가진 사람은 조금 양보해서 덜 가진 사람에게 좀 더 혜택이 가게 하고, 서비스 공급자는 서비스 받는 사람을 먼저 생각하며, 피고용자는 고용자 입장에서 생각하는 일이다. 협동조합 사람들은 각자도생만이 제일이라는 자본주의의 폐해를 서로 돕는 노력을 통해 극복할 수 있다고 믿는다.

어떤 상황에서도 놓치지 말아야 할 원칙은 '서로를 귀하게 여기는 것'이 아닐까. 거기에서 민주주의도 나오고 협동도 나오는 것이리라. 가끔 서비스 교육을 받곤 하는데, 강사가 "이렇게 친절하게 해야 고객으로부터 돈이 나온다."라는 표현을 하면 기분이 편치 않다. 물론 적자가 나지 않게 경영을 하는 것도 무척 중요한 일이다. 하지만 사람을 귀하게 여기기 위해 하는 일이 아니라면 어떤 거대 담론도, 협동조합의 원칙도, 경영상 수지도 의미 없는 게 될 것이다.

나를 돌보는 행복한 시간,
나.행.시.

건강을 지키는 데 가장 중요한 것은 건강한 생활을 몸에 익히는 일
이다. 예방의학에서는 예방의 단계를 세 가지로 나눈다. 1차 예방은 병
에 걸리지 않도록 하는 것, 2차 예방은 병을 조기에 발견해 치료하는
것, 3차 예방은 병에 걸려 후유증이 남았을 때 이를 최소화하고 삶의
질을 높이는 것이다. 이 가운데 가장 중요한 것은 1차 예방 아니겠는
가. 하지만 병에 걸리지 않도록 건강한 생활을 익히기는 말처럼 쉽지
않다. 혼자 하기는 더욱 어렵다. 이럴 때 협동조합은 힘을 발휘한다.

안성의료협동조합에서는 조합원들과 함께 1차 예방을 해보기로 했
다. 기존에 하던 걷기 모임이나 체조 모임 등 건강 소모임이 모두 1차
예방에 속하기는 하지만, 좀 더 체계적으로 프로그램을 진행해 보기로
했다.

'건강점프'라는 프로그램을 먼저 시작했다. 동네에서 활동할 건강

리더를 양성하는 사업인데 원하는 조합원을 모집하여 서너 달 동안 교육을 한다. 내부와 외부 강사를 모셔 혈압과 혈당 측정 방법, 건강한 식사의 내용, 발 마사지, 운동의 중요성, 마음 산책 등의 공부를 한다. 이런 과정을 마치면 건강 리더가 되어 주변에 가까운 사람 셋에서 다섯 명쯤 모아 건강 모임을 만든다.

이렇게 건강 모임에 참여하는 사람들은 먼저 조합에 와서 기본적인 피 검사와 체지방 측정 등을 하고 주치의를 만나 건강 실천 계획을 세운다. 여섯 달 동안 열한 가지 건강 생활 수칙을 실천하고 건강 실천 체크 표에 매일 기록한다. 조합은 수시로 건강 정보를 제공하고, 건강 리더는 월 1회 전담 간호사와 만나 상황을 공유하고 이에 대한 마음을 나눈다. (인원이 많지 않은 해에는 참여자들이 모여 체지방 체크를 하고 건강 실천 체크 표를 공유하며 내용을 나누기도 했다.) 여섯 달이 지나면 다시 피 검사와 체지방 측정을 하고 주치의를 만나 그간의 변화를 평가한다.

이런 프로그램을 우리는 '나를 돌보는 행복한 시간', 줄여서 '나행시' 라고 불렀다. 아이 키우느라, 농사짓느라, 직장 생활 하느라 나를 돌보지 못하고 살아온 삶들이 아닌가.

2018년에는 136명이 22개 팀을 이루어 안성 각지, 그러니까 마을회관, 안성천변, 논두렁, 의료협동조합의 조합원 사랑방 등에서 만나 서로 독려하며 운동하고 연말에 보고대회도 가졌다.

"내 몸을 관리하면서 나눔까지 하다 보니 마음이 풍요로워졌어요. 함께 운동을 따라하는 분들이 좋아지는 모습을 보면서 자신감도 생기고 뿌듯해요."

"건강한 삶에 대한 가치를 깨닫고, 소유와 존재에 대해 되돌아보는 시간을 가졌어요. 돌봄을 통해 서로 위로를 주고받았어요."

"행복 바이러스! 마음이 건강해야 몸도 건강할 수 있죠. 긍정적인 사고로 작은 일에도 감사를 느낍니다. 세상에서 가장 귀한 몸이 나이고, 내가 행복해야 가족도 주위 사람도 행복할 수 있다는 생각으로 나를 챙기게 되었어요."

'나행시'에 참여한 이들이 전해 준 소감이다.

건강을 건강할 때 지키고, 행복하게 나와 이웃을 돌보며, 투명하고 적정한 진료가 사람들과 지역 사회를 건강하게 하고 의료비를 절감시킬 것이다. 또 이런 것들이 현재의 치료 중심 의료 시스템보다 만성질환자의 생활습관을 적극 변화시키는 데 방점을 두는 새로운 일차 의료 모델을 만들어 갈 수도 있지 않을까 희망을 가져 본다.

3장

이웃에 사는 보물들

심폐소생술로
형을 살려내다

안성시(당시 안성군) 고삼면에서 주말 진료를 하던 시절은 의료 시설이 빈약하고 병원 문턱이 높아 농사짓는 사람들은 병원 갈 생각도 못하고 살았다. 혈압이 높은 줄도 모르고, 암이 진행되는 줄 모르고 있다가 죽을 때가 되어서야 알게 되기도 했다. 조금 다친 것쯤은 거의 방치했다.

안성 진료팀은 주말 진료에서 치료도 하고 투약도 했지만, 가가호호 찾아가 혈압과 혈당을 체크하고 위험 요인들을 파악해 마을 전체 사람들의 의무 기록을 작성했다. 일상에서 건강을 관리하기 위해 마을에 사는 여성을 중심으로 마을 건강 요원이 되어 활동할 수 있도록 도와드렸다. 혈압을 재고 혈당을 체크하는 법, 해열제 등의 약 사용법, 간단한 응급처치 등을 알려 주고 필요한 도구와 약을 챙겨 줬다. 몇 차례에 걸쳐 마을 전체를 대상으로 건강 강좌도 진행했다.

박중만 님

　주말 진료실로 쓰던 빈집의 방 안에 약장을 마련하고 후원받은 약품을 두었는데, 당시 마을 청년회 박중만 씨는 이 약들의 이름과 용도를 모조리 기억했다. 이 분에게 교육의 기회가 주어졌다면 나보다 훌륭한 의사가 되었으리라는 생각이 들었다.

　이분은 그로부터 10년쯤 지난 어느 날, 본인의 형을 살려냈다. 경운기 사고로 논두렁에 쓰러져 심장이 멎어 있는 형을 발견하고는 재빨리 심폐소생술을 하고 119를 부른 것이다. 진료 팀에서 했던 건강 강좌 중 심폐소생술 교육이 있었는데 언젠가 필요할 것 같아 잘 익혀 두었다고 했다.

　그렇게 해서 살아난 박중만 씨의 형 박중기 씨는 2021년 안성의료협동조합의 이사장을 지내고 있다.

부모님 간병에서
부이사장까지

안성의료협동조합의 이용자 이사가 캘리그라피를 배우더니 하나 써서 선물하고 싶다 하였다. 일본 '미나미의료생협'의 모토인 "모두 달라 모두 좋아"를 써 달라고 했더니 "아! 그거 좋아요." 하면서 멋지게 써 왔다. 캘리그라피로 본인의 마음을 표현하는 게 너무 좋아 푸욱 빠져 있단다.

어려서는 배움의 기회가 없어 교육을 얼마 받지 못했다. 공부에 대한 열정을 묻어 두었다가 나이 쉰이 넘어 검정고시에 도전해 합격하더니, 거기에서 멈추지 않고 사회복지사 자격까지 취득했다. 학교 교육을 많이 받지 못했어도 의료협동조합이 하려고 하는 일을 가장 정확히 알고 중심을 잡는 분이다.

이 분과의 인연은 가정간호로부터 시작되었다. 시부모님이 차례로

이용자 부이사장

뇌혈관 질환으로 거동을 못하게 되어 두 분의 병구완을 만 15년간 했다. 의료협동조합에서 가정간호를 시작하면서 이 분 집에 주기적으로 방문하게 되었다. 요즘처럼 요양병원도 주간보호시설도 없고 간병은 오로지 가족의 몫, 그 중에서도 여성의 몫이던 시절이었다. 한 분도 아니고 두 분을 간병하려니 오죽했으랴. 만나기만 하면 눈물을 보였다. 본인도 당뇨병이 있는데 자신의 몸은 전혀 돌보지 못했다.

15년의 세월이 지나 시부모님 두 분을 보내드리고 난 뒤, 이용자 씨는 의료협동조합의 대의원이 되었다. 의료협동조합의 도움을 받던 입장에서 이제 본인이 다른 사람을 돕는 입장으로 바뀌면서 의료협동조합의 주요 리더가 되었다. 2002년부터 4년간 대의원을 거쳐 이사를 맡고, 마침내 2018년부터 부이사장을 맡게 된 이 분은 당시 우리동네의원이 이전하고 성장해나가는 과정에 큰 역할을 하면서 CEO 못지않은

리더십을 발휘했다.

　요즘에는 9층짜리 안성의료협동조합 사옥을 짓는 일에 몰두하고 있다. 조합원들이 적은 금액을 꾸준히 출자하는 게 중요하다며 '만 원의 행복' 운동을 열심히 펼친다. 기부가 아니라 출자금으로 쌓이는 것이기 때문에 누구에게라도 자신 있게 돈 내라는 말을 할 수 있다며 오늘도 함박웃음을 담고 사람들을 만나러 다닌다.

철갑상어를 북한에 전하다

 2018년 9월 18일부터 20일, 이 사흘 동안 아마도 대한민국 대부분의 국민은 텔레비전 화면에서 눈을 떼지 못했을 것이다. 남북정상회담을 성사시킨 문재인 대통령과 김정은 위원장의 일거수일투족이 방송에 나오고 있었다. 평양 시내가 화면에 비치고 대동강 수산물 식당을 둘러보는 장면이 나오는 순간, 남편과 나는 탄성을 질렀다. "저거야 저거! 박대희 씨가 가지고 간 거!"

 박대희 씨는 우리를 안성으로 불러들인 주역이다. 당시 그는 작은 마을 고삼면 가유리에서 청년회를 이끌고 있었다. 그는 YMCA에서 한 농촌 지도자 교육에 참가하고 나서 느낀 바가 있어 제대로 농민이 되겠다는 마음을 먹었다 한다. 부모님은 비전이 없으니 농사를 짓지 말라며 반대하셨고 이를 뿌리치기 쉽지 않았다. 그러나 농민이 얼마나 부당한 일을 많이 당하면서도 말 한마디 못하는지, 배움의 기회가 없어 농사일을 주먹구구로 할 수밖에 없는지 숱하게 보아 왔기 때문에 그의 생각은 변함이 없었다. 농촌이 소외되고 농민이 관공서로부터 탄압받는 현실을 함께 공부해서 농민의 권익을 보장받는 일을 하고 싶었다. 새벽에 일어나 자신의 농사일을 다해 놓고 낮에는 마을의 어려운 일을 도왔다. 다른 집 농기계가 고장 나면 자기 기계를 끌고 가서 일을 해 주었다. 그러면서 가유리 청년회가 만들어졌고 나아가 안성 농민회까지 조직했다. 안성 농민회가 있었기에 안성의료협동조합을 만드는 게 가능했다.

그는 이후에 철갑상어를 키웠는데, 그 어렵다는 인공 부화 기술을 홀로 터득했다. 사람한테 하는 초음파로 철갑상어의 산란 여부를 봐줄 수 있냐고 농민의원에 문의하여 의사들 어안을 벙벙하게 한 적도 있다. 그만큼 열정적으로 연구했다.

2008년, 당시 대북 사업을 하던 현대 아산에서 제안을 해 북한에 기술을 전수해 주러 가게 되었다. 대기업에도 기술을 가진 사람이 없었

박대희 님

던 모양이다. 북한에서는 러시아와 중국 등에 기술자를 보냈다가 실패한 경험이 있었기에, 시골에서 온 왜소한 농부를 처음에는 믿지 않았다 한다. 그러나 그가 인공 부화를 성공시켜 새끼 상어들이 쏟아져 나오는 것을 본 순간, 북한 주민들은 엄청나게 환호했고 그 뒤로 그는 북한 당국의 신뢰를 한 몸에 받게 되었다.

박대희 씨는 남북통일이 이루어지려면 민간 차원에서의 신뢰가 중요하다고 생각했다. 그래서 당시 시가 1억 5천만 원 상당의 철갑상어 30마리를 무료로 북한으로 가지고 들어가 조건 없이 기술을 전수했다. 그의 공로로 북한의 식량난 해결과 외화벌이에 도움이 되었다는 소문이 들린다. 큰 신뢰를 얻은 그는 평양에 갈 때 제삼국을 거치지 않고 육로로 군사 분계선을 건너다녔다. 북한 간부의 말에 따르면, 군사 분계선을 건너 육로로 평양에 온 사람은 첫 번째 정주영 회장, 두 번째 노무현 대통령, 세 번째 박대희 씨라고 했단다. 뿐만 아니라 가장 많이 건너다닌 분이다.

언젠가 통일이 된다면 제일 먼저 박대희 씨한테 가서 고맙다고 인사하련다.

박대희 씨와 같이 사는 김창원 씨 이야기를 빠뜨릴 수 없다.

주말 진료하던 시절, 요즘처럼 식당이 없었던 지라 저녁을 해결할 방법이 없었다. 멀리 있는 중국집에서 시켜 먹을 수도 있었지만, 마을 청년회 입장에서는 저녁을 알아서 해결하라고 하기 미안했을 터였다. 초기에는 매번 박대희 씨 집에서 먹었다. 우리는 고맙다며 맛있다고 신

김창원 님

나게 먹었다. 이 주에 한 번, 그것도 주말에 잘 알지도 못하는 청년 네다섯 사람 저녁을 매번 먹이는 일이 쉽지 않았을 것이다. 오라고 한 사람은 박대희 씨지만, 밥을 해먹인 사람은 김창원 씨였으니 말이다. 나중에는 마을 사람들이 돌아가면서 저녁을 해 주었다.

살림을 해보니 그때 철없이 먹던 우리를 마다 않고 밥을 지어 준 김창원 씨가 더욱 고마워졌다. 마을에 우물이 있고, 나무를 해서 불을 때야 했으며, 집집마다 세탁기 하나 놓는 게 소원이던 시절이었다.

오늘 운수 대통이네

"오늘 운수 대통이네, 권 원장을 만났으니."

안성 시내에 있는 신협 회의실에서 듣고 싶은 강의가 있어 가던 참이었다. 송창호 신협 이사장이 나를 보자 하신 말씀이다. 과장된 표현이라는 걸 알지만 이런 말을 듣고 신이 나지 않을 사람은 없다. 안성의료협동조합 2대 이사장을 지낸 이 분은 한 사람 한 사람을 이렇게 소중하게 여긴다.

그가 이사장을 맡은 때는 의료협동조합이 모래성 같던 시절이었다. 젊은이들의 혈기로 어찌어찌 만들어 놓긴 했지만, 어느 순간 '나 안 할래' 하고 돌아서 버리면 그대로 무너질 것만 같은.

그런데 송창호 씨가 이사장을 맡으면서 모래성은 벽돌로 쌓은 성이 되어가는 느낌이었다. 일을 한 가지 한 가지 할 때마다 민주주의 원칙과 협동조합의 원칙을 깊이 생각하고 기초를 다져 나갔다. 하나씩 만들어지던 위원회도 조합원인 이사가 위원장을 맡고 이사회에서는 실무자가 아닌 이사가 보고를 하도록 했다. 의사결정을 할 때에는 적당히 다수결로 하지 않고 모두 이해하고 동의할 때까지 토론했다. 단 한 사람의 의견도 무시하지 않았다. 그런 과정에서 사람들의 마음이 모였고 주인의식을 갖게 되었다. 의료사협연합회에서 임원 연수회가 있을 때도 협동조합의 원칙을 강의하곤 하셨다.

그럼에도 자신은 의료협동조합에서 민주주의를 제대로 배웠노라고 늘 자랑하고 다닌다. 안성에 다른 협동조합도 이렇게 조합원이 참여하는 조직으로 만들고 싶다며 신협 이사장에 출마하여 당선이 되었다. 거기에서도 놀라운 속도로 소모임을 많이 만들어 조합원의 참여를 이끌어내고 있다.

모래를 벽돌로 만드는 송창호 이사장의 힘은 '사람'이다. 직원 한 사람 한 사람을 늘 따뜻한 시선으로 바라보았고, 매일 저녁 수십 명의 조합원에게 전화해 의료협동조합의 좋은 점을 알리고 행사 참여를 독려하기도 했다. 십 년 넘게 참여하던 안성의료협동조합 댄스 소모임 '바람난 가족'에서는 늘 먹을 것을 나누었다. 의료협동조합에는 원칙을 지키기 위해 늘 날을 세우고 있는 직원들이 있었다. 공격도 당했을 것이고 쉽지 않은 상대임에도 늘 "김○○, 박○○이 있어 의료생협이 살아 있다."고 하였다.

2대 이사장으로 취임하던 조합원 총회 뒤풀이 자리였던 걸로 기억한다. 중학교를 신학교로 다녔다며 이야기를 들려주었다. 어렸을 때 집에 신부님이 오시면 신실한 신자인 어머니가 평소에 못 먹던 계란

후라이를 해서 드리곤 하시는 걸 보고 신부가 되어야겠다고 생각했다. 부모님도 좋아하셔서 초등학교 졸업하고 바로 신학교로 들어갔다. 학교 분위기가 좀 억압적이고 내용보다 형식에 치우치곤 했다는 말씀을 듣고, "아, 그래서 그만두셨어요?" 하고 물으니, 우리 모두를 빵 터지게 했던 말씀. "아니요. 이성 때문이지요. 그 피 끓는 나이에 그렇게 갇혀 지내는 게 말이 되나요?" 새 이사장과의 첫 만남으로 잔뜩 긴장하고 있던 우리를 완전 무장 해제시킨 말이었다.

　신학교를 그만두고 수의학과에 진학한 그는 졸업 후 안성에 동물병원을 열었다. 축산의 메카라고 불리는 안성에서 그는 농장을 찾아다니며 소와 돼지의 병을 치료하는 수의사로 오래 활동했고, 사람들로부터 든든한 신뢰를 얻었다. 수의사로 일하면서도 지역 신문사 대표를 지내는 등 안성을 좋은 지역으로 만들려는 활동을 많이 하고 계셨다.

이사장으로 모시기 위해 조합의 실무자와 임원진이 찾아가겠다고 연락을 드렸을 때, 속으로 '무슨 일이지? 의료 사고가 났나?' 하셨다 한다. 어떻게든 도와줘야지 했을 그 마음이 고맙고, 조합 초창기여서 여러 모로 어려운 일이 많았는 데다가 급여도 한 푼 없다는 걸 뻔히 알면서도 수락해 주신 마음이 지금도 참 고맙다.

내 속은 끓고 있었는데…

안성의료협동조합의 상임이사를 맡고 있을 때였다. 직원이 40-50명 정도 되던 시기였는데 바람 잘 날이 없었다. 당시 안성의료협동조합에는 의원 두 곳, 한의원 한 곳, 치과 한 곳, 가정간호사업소 등의 기관이 있었는데 한의원의 순이익이 제일 많았다. 그러다 보니 한의원에서 일하는 간호조무사들도 노동 강도가 높아 불만이 많고 한의사들도 마찬가지였다.

당시 이정찬 이사장과 한의원 원장이 함께 식사를 하는 자리였다. 한의사가 근무 조건에 대한 불만을 얘기하던 중 "그럼 제가 나가서 안성에 개원을 해도 불만 없으시겠어요?"라는 말을 꺼냈다. 물론 하지 못할 일은 아니다. 그러나 안 그래도 늘 경영이 어려운데 제일 인기 좋은 원장이 안성 시내에서 개원을 하면 타격은 이만저만하지 않을 것이었다. 안성 시내는 차로 5분이면 한바퀴 다 돌 수 있는 사이즈다. 내 속은 부글부글 끓었다.

그 말을 들은 이정찬 이사장의 대답은 의외였다.

"상관없어요. 안성에 의료협동조합처럼 좋은 의료 기관이 하나 더 생기는 거잖아요. 그러면 안성 시민들한테 이로운 거지."

속이 좁은 나로서는 생각지 못한 대답이었다. 의료협동조합 안에 사고를 가두지 않고 안성 전체의 유익을 구하는, 그러면서 상임이사도 한의사도 할 말이 없게 만드는 '통 큰' 말씀이었다. 그 한의사는 그로부터 몇 년 뒤에 그만두기는 했지만 다른 지역으로 가서 개원을 했다.

이정찬 이사장은 경영 능력도 탁월했다. 이것저것 확장을 하면서 자리가 잘 잡히지 않아 힘들던 시기에 고생을 많이 하면서도 사업적인 기반을 잘 다져 갔고, 의료협동조합이 지역 사회에 기여할 수 있는 일들을 찾아내 실행에 옮기는 추진력이 놀라웠다.

이정찬 3대 이사장

안성에서 태어나 돼지 농장을 크게 해 성공한 기업인이 되었는데, 늘 주변과 나누는 모습이었다. 아는 사람이 워낙 많아서 이분과 같이 안성 시내를 지나가려면 잠깐 사이에도 몇 번씩 멈추어 인사를 나누는 동안 기다려야 했다. 길에서 만난 사람들이 이정찬 이사장을 바라보는 눈길을 보면 그가 어떻게 살아왔는지를 쉽게 짐작할 수 있다.

그 눈길이 어떤 걸까 궁금하다면 안성에 와서 함께 걸어 보시라.

혼자서 조합원 350명을 가입시키다

'농민들도 주치의를 가질 수 있다'는 희망은 강력했다. 1990년대 초반만 해도 안성에 병원이 몇 군데 없었고 죽을 정도로 아파야 병원 문턱을 넘곤 했다. 1992년 한국농어민연합회(이하 한농연) 안성군 부회장을 맡아 열정적으로 활동하던 이기범 씨는 의료협동조합 추진위원장이던 조현선 씨의 권유로 한농연 회장이던 박순철 씨와 함께 이 일에 뛰어들었다.

이기범 씨는 "재벌들만 주치의가 있으란 법 있나? 우리 농민들도 힘을 합쳐 우리의 병원을 만들자."라고 한농연 회원과 주변 사람들을 설득하기 시작하여 혼자서 350명을 조합원으로 가입시켰다. 그를 통해 가입한 사람이 전체 조합원의 10퍼센트에 이른 적도 있다.

조합 창립을 준비하는 행사를 하던 어느 날, 안성농민의원 이인동 원장이 접시를 들고 나르던 광경이 충격적이었다고 그는 말하곤 한다. 특권층으로만 생각되던 의사가 스스럼없이 함께하는 장면이 마음에 깊이 남았고, 자신 있게 조합 가입을 권유할 수 있는 힘이 되었단다.

그는 자신처럼 내성적인 사람이 어떻게 그리 많은 사람을 만나고 가입까지 시켰는지 본인이 생각해도 신기하다고 한다. 한농연 활동을 워낙 열심히 해 한농연 안성지회 회장과 경기도지회 부회장까지 지낸 그는 이미 사람들의 신뢰를 받고 있으니, 가입을 권유하면 호응이 좋았던 것 같다.

당시 국가에서 하는 건강검진이 없던 시절, 조합에서는 10만 원 이상 출자한 조합원은 해마다 무료로 건강검진을 하여 평생 건강 관리를 받을 수 있었다. 1만 원 이상을 내면 조합원이 될 수 있었으나, 이기범 씨는 거의 다 10만 원 이상의 출자를 독려했다. 신뢰 없이는 어려운 일이었다.

직책이 있건 없건 조합 일에 열심이던 그는 2012년부터 6년간 4대 이사장을 지냈다. 경영의 책임자가 되는 일은 쉽지 않았다. 임기 직전인 2011년, 서안성에 지점을 만들었는데 자리를 잡기까지 경영이 많이 어려웠다. 연간 1억 5천만 원의 적자가 났을 때 이기범 이사장은 잠을 이루지 못했다. 어떻게든 적자를 면해 보려고 단체 독감 접종이라도 할인을 해서 유치하자고 제안했다. 고지식한 실무자들은 돈을 벌기 위해 덤핑하는 건 의료협동조합의 취지에 어긋나지 않느냐면서 반대했다. 맞는 말이지만 속은 탔다. 가까운 사람들은 그에게 치과 임플란트 등 고액 치료에 이사장 권한으로 할인 좀 해 주면 안 되냐고 부탁하기도 했다. 하지만 수가는 실무자와 조합원 간의 약속이라 이사장이건

이기범 4대 이사장

원장이건 조합원에게 해당되는 할인율 외에는 마음대로 할인할 수 없었다. 차라리 본인 돈이라도 보태 주고 싶었다.

의료인이 아니면 이해가 안 가는 일도 많았을 텐데 끝까지 믿고 어려움을 감내해 준 고마움에 가슴이 찡하다. 번듯한 젖소 목장을 가지고 있고, 한농연 회장도 지내며 세계 30개국을 가보기도 한 그는 일생을 돌아볼 때 제일 뿌듯하고 보람 있는 일이 의료협동조합 활동이었다고 하니 안성의료협동조합은 정말 복이 많은 조직이다.

30년의 시간 여행

일요일 아침, 느닷없이 전화가 왔다.

"오늘 철쭉 핀 거 보러 와요. 산나물도 뜯어 가고."

갑작스러운 호출이라 잠시 머뭇거린다.

"이거 며칠 지나면 못 보는데…."

"네! 갈게요."

전화를 주신 분은 고삼면에 사는 조현홍 씨다. 주말 진료를 하던 때부터 '현홍이 형'이라 부르며 친하게 지낸 분이다. 양어장을 하면서 수억의 빚을 지기도 했던 그는 빚을 어느 정도 해결하고, 예순이 넘어가는 요즘 종중산 산지기를 자원하여 신바람나게 살아간다. 앞으로 40년 숲에서 재미나는 삶을 살고 싶다며 숲속에 '독락원'이라는 산채 정원을 만들고 있단다.

점심 때 즈음 도착하니 이전에 안성진료회를 같이 했던 의대 후배들이 와 있다. 철쭉이고 뭐고 사람이 반가워 인사를 나누는데 얼른 산에 올라가잔다. 10만 평이 넘는 산에 가득 심어 놓은 산나물, 그 넓은 땅을 가꾸어 생명력 넘치게 피어나는 철쭉. 입이 쩍쩍 벌어진다. 산에서 내려오니 판화가 유연복 화백과 몇 년 전 귀농한 송영호 선생이 고기를 굽고 나물을 잔뜩 무쳐 놓았다. 계속되는 깜짝쇼에 놀라면서 반갑기만 한 얼굴들과 옹기종기 앉아 술자리를 펼친다.

안성에서 주말 진료를 하던 초기에 조현홍 씨는 우리를 많이 놀라게 했다. 집안 사정으로 초등학교밖에 다니지 못했다는데, 말할 때 비치는 비상함과 기억력은 놀라웠다. 안성의료협동조합이 만들어지고 나서 수 년 간 감사로 활동했고, 조합 소모임인 문화유산답사팀을 십 년 이상 이끌기도 했다. 유홍준 교수의 『나의 문화유산 답사기』를 읽고 내용을 기억해 조합원들과 다니면서 해설사 역할을 했다. 이 날도 잊고 있던 옛 기억들을 줄줄이 얘기하니 우리 모두는 배꼽을 잡고 웃었다. 안성진료회 멤버 중에 누구랑 '썸' 탔던 얘기도 흘러나왔다. 멋진 '농촌 노총각'이었다.

조현홍 씨의 전화 한마디에 달려와서 밥상을 차려 놓은 유연복 화백과 송영호 선생. 유연복 화백은 안성에서 작업장 짓고 살면서 세상의 아픔과 자연을 주제로 한 출중한 작품을 내놓는 분이다. 오랫동안 의료협동조합 이사도 하고 소모임인 축구팀도 이끌었다. 열심히 고기를 구워 주는 손길에 정이 듬뿍하다. 송영호 선생은 서울에서 고등학교 영어교사를 지내다가 은퇴하고 귀농했다. 부모님이 사셨고 형제들이 살고 있는 미양면에서 친환경 농사를 짓고 있다. 사람 대하는 품이 넓어 주변 사람들을 잘 챙기는 송 선생은 마을 이장이 되어 사명감 넘치게 일을 하고 있다.

밤늦도록 우리의 대화는 무르익어갔다. 이날 후배들은 30년의 시간 여행을 다녀온 듯하다고 했다.

조현홍 님

태산을 넘어 우뚝 선
강철수 원장

"원장님, 이상해요. 걷는 것도 휘청거리고 들고 있던 것도 놓치고….”

"괜찮아요. 개원하느라 너무 신경 써서 그런가 봐요. 요즘 쉽게 피로해지네요.”

"아니, 괜찮지 않아요. 검사를 해봐야겠어요.”

"집에 가서 쉬면 돼요.”

아무래도 안 되겠어서 당시 김보라 전무가 근처 종합병원으로 데리고 갔다. CT를 찍었는데 경막하 출혈이 크게 자리 잡고 있었다. 경막하 출혈이란, 뇌를 둘러싸고 있는 경막 안쪽 뇌혈관이 터지면서 뇌와 경막 사이에 혈종이 생기는 것인데, 만성으로 오는 경우에는 언젠가 경미하게 머리를 부딪친 적이 있는데 서서히 출혈이 진행되어 기억을 못하는 경우가 대부분이다. 처음에는 별 증상이 없다가 혈종이 점점 커져 뇌를 누르면서 마비, 뇌 기능 저하 등의 증상이 나타난다.

안성의료협동조합 공도 지점인 서안성의원 강철수(가명) 원장은 의대 예과 때부터 함께 기독학생회를 하고 농활을 다녔다. 워낙 '민중적'인 행색이라 농촌에 가도 공단에 가도 현장과 잘 어울린다는 농담을 들을 만큼 늘 수수했다. 안성진료회를 같이 하던 강철수 선생은 군의관을 마친 뒤 안성농민의원 부원장으로 1996년부터 같이 일하게 되었다. 2012년 지점으로 안성 공도 지역에 서안성의원을 개원하면서 자리를 옮겨 원장으로 일하게 되었다. 말이 없고 책임감 강한 사람이라 심한 두통과 어지러움이 있음에도 스트레스 때문이겠지 하고 버틴 것 같다. 개원하고 이런저런 신경 쓰는 일이 만만치 않았을 테니 말이다.

바로 서울 B병원으로 가서 수술을 했다. 수술이 잘 되었다는 소식을 듣고 우리 모두는 안심하고 잠자리에 들었다.

그런데 그날 밤, 그는 갑자기 의식을 잃었다. 마침 옆에서 지키던 가족이 발견해 응급 CT를 찍었다. CT 결과, 다시 대량으로 출혈이 일어나 뇌가 압박을 견디지 못하고 두개골 아래로 빠져 나오려는 상황(뇌탈출증)이었다. 이런 상황에서는 뇌간이 압박되기 때문에 호흡 중추가 마비되거나 심각한 손상을 남길 수 있어서 바로 응급 수술에 들어갔다. 발을 동동 구르며 아는 사람들에게 연락해 기도를 부탁했다. 무사히 재수술을 마치기는 했지만, 절단한 두개골 조각을 덮지 못했고 후에 감염이 되어 또다시 치료하는 등 2년을 고생하고서야 우리 앞에 돌아왔다. 그가 돌아오던 날, 직원들은 마음을 모아 한 바구니 장미꽃을 선물했다.

그때가 2013년, 벌써 8년 전이다. 본인은 일을 할 수 있을까 걱정했으나 그건 우려에 불과했다. 누구보다 왕성하게 일하여 서안성의원을 안성의료협동조합의 의료 기관 가운데 가장 잘나가는 곳으로 성장시켰다. 병원 구석구석을 돌아보며 화분에 물을 주곤 하는 사람은 강철수 원장이라고 직원들은 말한다. 2018년부터는 당시 결성된 사회적의료기관연합회 초대 회장까지 지내며 열정을 쏟아 부었다.

절절했던 그때를 생각하면 아직도 눈물이 난다. 이제 죽음이 두렵지 않다는 그의 삶에 크나큰 박수를 보낸다.

내가 잘못했다고 하는 게
상임이사가 할 일

2006년 안성의료협동조합의 상임이사를 맡았다. 자신의 일을 하면서 조합의 실무자 대표 역할을 하는 자리로 3년씩 돌아가면서 하던 시절이었다. 요즘은 전무이사 제도를 두어 실무 최고 담당자가 전무이사를 맡도록 하는데 처음에는 주로 의사들이 맡아서 했다.

잘 알지 못하는 회계도 볼 줄 알아야 하고, 인사 관리도 해야 하니 난감했다. 전임자는 안성농민한의원 서정욱 원장이었다. 인수인계를 하는 자리에서 서정욱 원장은 회계의 기본을 이해할 수 있는 책자를 주면서 이렇게 말했다.

"상임이사 해보니 다른 건 없더라. 실무를 하는 것은 아니니 알면 아는 대로 모르면 모르는 대로 하면 된다. 중요한 것은 문제가 생겼을 때 담당자를 탓하지 않고 내가 잘못했다고 하는 것, 그게 상임이사의 주요 역할이더라."

막상 해보니 가장 중요하고도 쉽지 않은 일이었다. 부모가 되어 보면 알 수 있듯, 소위 '윗사람' 역할이 가장 어려운 일 아니던가. 직장 생활을 할 때 내 앞의 바람을 막아서 주는 사람이 있다면 진정한 리더십이라 해도 좋을 것 같다.

그와 오랫동안 같이 일한 한 조무사는 입사 초기에 "○○ 씨 의견은 어떠세요?"라고 묻는 서정욱 원장을 보며 '아, 여기는 수평적 관계로 일하는 곳이구나. 한 팀으로 인정받으니 좋네.'라고 생각했다 한다. 함께 일하던 직원이 다른 부서로 옮기면 의료협동조합 홈페이지에 그에 대한 글을 깊은 애정을 담아 올리는 사람도 서정욱 원장이었다.

김장철이 다가오면 안성농민한의원에는 "올해는 김장 열 포기만 적게 하세요."라는 문구가 붙곤 했다. 관절염 등 근골격계 질환이 많은 어르신들이 김장을 잔뜩 하고 나서 증세가 심해져 오는 게 마음 아파 서정욱 원장이 써 붙이자고 했다. 무릎이나 다리가 아픈 환자를 진료할 때 바닥에 쭈그리고 앉아서 진찰을 해 환자분들이 미안해하곤 하셨다 한다.

서정욱 원장은 1997년부터 지금까지 근무를 하고 있으니 올해로 24년째 안성의료협동조합의 터줏대감이 되었다. 20대 후반에 의료협동조합 일을 시작해 어느덧 50대 중반이라는 중후한 나이가 되었지만 모습은 여전히 소년 같다. 까불까불하고 상상력이 넘친다. 조합원 사업을 하고 싶다며 한의원 근무 안하고 조합 사무국에서 일한 적도 있다. 조합원 관리 프로그램, 소식지와 홍보 영상 만들기, 출자 운동 등 아이

서정욱 원장

디어와 열정이 넘쳐 재미나게 했는데 진료하는 일이 조금 더 쉬울 것 같다며 다시 한의원으로 돌아갔다. 그 후에도 조합의 컴퓨터 관리하는 일은 몇 년을 더 했다.

봉침 놓는 의사라며 꿀벌 인형을 가운에 달고 다니는 이 친구는 가벼워 보이는 것 같지만 실력이 꽤 깊다. 안성시 도서관에서『동의보감』 강의를 수 년 간 했고, 침 잘 놓는 한의사로 소문이 나 있다. 본인이 근 골격계 질환이 있어 더 깊이 연구를 하지 않았을까 싶다.

책을 쓰면서 서정욱 원장에게 본인 이야기가 들어가는데 안성의료 협동조합에 하고 싶은 말이 있으면 해달라고 했다. 24년째 자리를 지키고 있는 그의 대답은 짧은 이 한마디였다. "도망쳐!"

힘들긴 좀 힘들었나 보다.

착한 강 원장

    나와 함께 우리동네의원에서 일하는 강명근 원장은 환자들에게 인기가 참 좋다. 예방의학 교수 출신이면서 의료협동조합의 이론적, 학문적 토대를 제공하는 역할을 해 주는 분인데 우리와 함께 일하고 있으니 안성은 인복이 정말 많다. 자전거를 타고 출퇴근하며 텃밭 소모임에서 농사지은 걸로 요리를 해 먹는 실천가이기도 하다. 환자들 이야기를 끝까지 잘 들어주기 때문에 사연이 긴 분들이 강명근 원장을 많이 찾는다.

    그런데 근거 없는 이야기지만 착한 사람이 잘 늦는 것 같다. 끊을 걸 끊지 못해서일까? 어쨌든 강 원장은 지각이 잦다.

    어느 날 회의 시간에 강명근 원장이 지각 벌금 내기를 제안했다. 우리동네의원 진료 서비스의 질을 떨어뜨리는 가장 큰 이유가 자신의 지각이라는 것이다. 8시 30분에 의원 문을 여니까 8시 20분까지 출근하기로 하고, 1분 늦을 때마다 천 원씩 벌금을 내기로 정했다. 습관이라는 게 쉽게 고쳐지는 게 아니어서 벌금액은 쌓여갔다. 그래도 30분을 넘어 출근하는 경우는 거의 없어졌지만 30분에 출근해도 벌금액은 만원이 된다. 그 돈으로 회식도 하고 간식도 먹었지만 미납액도 쌓이게 되었다. 서로 부담되니 벌금 내기는 이제 그만하자고 회의 시간에 의견이 나왔다. 다른 사람은 다 찬성하는데, 강 원장은 아직 문제가 해결되지 않았는데 그만둘 수 없다며 계속 하기를 고집했다.

　한동안 간식비가 넉넉했는데 최근 연일 일찍 출근을 해서 간식비가 줄어들었다. 우리는 좋아해야 할지 슬퍼해야 할지 표정 관리가 안 되고 있는데, 강 원장은 "제가 요즘 자금 사정이 안 좋아서요." 하고 씨익 웃는다.

강명근 원장

그는 산이고 나는 물이다

안성농민의원에서 일하는 이인동 원장은 대학 2년 선배이며 남편이다. 그는 그저 묵묵한 사람이다. 본인을 드러내는 일이 없다. 의료협동조합에서 일하고 들꽃피는마을에 산다며 자랑하곤 하는 나와는 달리, 그는 '소띠'답게 일만 한다. 대학 시절, 함께 기독학생회를 할 때도 활동력 강한 선배들에 비해 그는 그저 자리를 지키기만 하는 듯했다.

결혼 후에 그는 "설거지는 내가 할게."하더니 여태 그 약속을 지켰다. 설거지는 식구들이 돌아가면서 하기도 하지만 청소는 거의 혼자다 한다. 교회에서도 남자들이 설거지하는 바람을 일으켜 우리가 다니는 백성교회는 '목사님도 설거지하는 교회'로 소문이 났다. 요즘이야 흔한 일이지만, 1989년 결혼 당시만 해도 일하는 여성이 많지 않았고 설거지하는 남자는 더욱 드문 일이었다. 그가 일하는 안성농민의원에서는 화장실 청소를 도맡아 했다.

여기까지 들으면 참 자상한 남자라고 생각할지 모른다.

하지만 전혀 그렇지 않다. 다정한 말 한마디 해 줬으면 하는 때도 아무 말이 없다. 말이 없으니 날카로워 보여 오래 사귄 사람들도 많이 어려워하는 편이다.

의료협동조합을 한국 최초로 만들어 첫 원장으로 일하면서 여러 부분에서 우리만의 원칙을 세우고 지켜나가야 했다. 항생제와 주사제 사용 문제, 국가 검진이 없던 시절 조합원 검진을 시행하는 일, 의사의 급여 문제, 예방 활동, 방문 보건 활동 등. 수많은 논의와 실행 속에서 흔들림 없이 묵묵하게 가는 그의 모습은 의료협동조합의 든든한 밑돌이 되었다. 의료협동조합이 뭔지 일일이 설명해야 조합원 가입을 시킬 수 있는 상황에서 그의 든든함에 대한 신뢰로 우리는 조합원을 늘려갈 수 있었다.

그로부터 26년의 세월. 변변한 건물 하나 갖지 못하다가 이제야 9층 건물 준공식을 코앞에 두고 있지만, 2019년 '제2회 대한민국 사회적 경제 박람회'에서 국민훈장 동백장을 받는 경사가 생겼다.

든든히 서 있는 산 같은 사람. "그는 산이고 나는 물이다"라고 나는 말하곤 한다.

의료협동조합 전무가
안성시장이 되다

2020년 4월 15일, 제21대 국회의원 선거일 겸 안성시장 재보선 날. 마을 사람들과 함께 텔레비전을 뚫어지게 쳐다보고 있는데 밤 12시가 다 되도록 개표 상황은 암울했다.

안성의료협동조합 전무 출신인 김보라 후보가 지고 있었다. 사회적 기업 전문가로 경기도의원을 지냈지만, 토호 세력이 강한 안성에서 안성 출신도 아닌데다가 여성이 시장을 한다는 것은 상상하기 힘든 일이었다. 하지만 의료협동조합을 하면서 지역 사람을 많이 만나고, 일을 열정적으로 잘한다는 걸 인정받고 있었기에 김보라 후보에 대한 지지도는 높아져 갔다.

포기하고 잠이나 자야 하나 하는 순간, SNS 알람이 떠서 보니 김보라 후보의 당선 인사가 올라왔다. "어떻게 된 일이지?"하고 선거 사무실에 연락해 보니 나중에 개표된 부재자 투표에서 몰표가 나와 당선이

확실시되었단다. 땅으로 꺼지던 마음이 하늘로 치솟았다. 여기저기 소식을 알리자 "잘 좀 알아봐. 진짜 맞아?"하는 반응들이었다. 현장의 개표 상황이 선관위에 집계되어 방송으로 나오기까지 약 한 시간 반이 걸리기 때문이다.

처음 만난 때부터 이 친구는 똘똘하고 당돌했다. 안성의료협동조합을 준비하던 1993년에 실무자로 일하고 싶다고 찾아왔다. 대학 6년 후배인데 안성진료회는 아니지만 방학 중에 안성으로 농활을 몇 번 왔었고, 간호대 학생회장을 지냈다고 했다. 학교를 졸업하고 노동운동 하겠다고 공장에서 일 년 반 정도 일하다가 그만두고 무슨 일을 해야 할까 고민 중이었단다. 선배들이 의료협동조합을 추진하고 있다는 소식을 듣고 이거야말로 '내가 간호사로서 세상을 바꾸는 데 기여할 수 있는 일'이라는 확신이 들었다고 한다. 협동조합을 준비하는 일부터 같이 하기 시작하여 조합을 창립한 후에는 보건예방실장으로 일하게 되었다. 작고 마른 체구에 하는 일마다 야무졌고, 조합원들을 조직하는 일에 탁월했으며, 그의 '말빨'은 아무도 못 당했다.

의료협동조합이 일반 의료 기관으로 머물지 않게 하는 활동의 많은 부분을 이 친구가 만들어 냈다. 가정간호가 없던 시절 방문간호, 보건학교, 사랑의 집 고치기 사업, 치매와 중풍 환자들을 위한 해바라기 교실, 조합원과 함께하는 요양 시설 봉사 등등. 보건예방사업실장, 사무장, 지역복지 담당 등 의료협동조합의 일을 두루 거치고 전무가 되었다. 오늘의 안성의료협동조합이 있기까지 가장 큰 공을 세운 장본인이

김보라 시장

지만 이에 만족하지 않았다. 지역의 정치를 바꾸지 않으면 건강한 지역 사회를 꿈꿀 수 없었다.

마침 민주당에서 경기도의회 비례대표를 해보지 않겠냐는 제안이 들어왔고 사회적 경제 전문가가 필요했던 더불어민주당에 영입이 되었다. 경기도의원으로 활동하면서 그는 보건의료복지 분야와 사회적 경제 분야에 많은 정책을 만들고 경험을 쌓았다. 4년간의 활동을 바탕으로 안성시장 선거에 도전했고, 멋지게 당선되었다.

의료협동조합 회의가 많아 저녁 늦게 들어가는 날이 많았다. 엄마 언제 오냐는 아이들에게 그의 남편은 "엄마는 지금 세상에 꼭 필요한 일을 하고 있어."라고 말했다. 그의 친정어머니는 결혼한 여성에게 요구되는 아내와 엄마로서 살다 보니 '이건 아닌데…' 하는 생각이 들었단다. 딸은 자신의 꿈을 펼치면서 살게 하고 싶어서 이 친구 젖을 먹일 때부터 "너는 꼭 네가 하고 싶은 일을 해라."라고 수없이 말했다. 안성에서 태어나 오랫동안 살아온 많은 분들이 안성 사람도 아닌 여성 후보의 선거 운동을 적극적으로 도왔다. 쉽지 않았을 텐데 얼굴에 가득 웃음을 담고 "상품이 좋잖아!"라고들 하셨다. 하늘이 돕고 땅이 응원한 일이었다.

그의 말마따나 "정치는 사람들이 서로 도우며 살기 좋은 세상을 만들어 가는 데 도움이 되는 도구"가 될 것이다. 지역의 정치가 합리적으로 이루어지고, 환경 도시로 거듭나며, 농민이 대접받고 사람들이 상생하는 경제로 다같이 잘 살게 되는, 그래서 문화가 꽃 피어나는 새로운 안성을 꿈꾸어 본다.

마을회관은 최고의 주간보호센터

치매 걸린 어르신이 우울증 증상을 보인다고 왕진 요청이 들어왔다. 안성시 금광면 한운리 상동마을인데 38가구가 사는 작은 동네다. 이 마을의 이장을 10년째 맡고 있는 허은희 이장은 2006년부터 6년간 안성의료협동조합 이사를 지냈다. 상동마을에서 30년 넘게 이웃으로 지내 온 어르신이 치매에 걸려 요양보호사로 돌봐드리고 있는데, 최근 우울증 증세도 보이는 것 같다 했다.

치매에 걸린 어르신은 자녀가 다섯 있으나 다 도시로 떠나 있고 혼자 사신다. 아드님이 옆집에 사는 허은희 이장에게 돌봄을 부탁드렸는데 마침 요양보호사 자격증이 있어 재가요양 서비스를 하기로 했다. 허은희 이장은 아침 7시부터 10시까지 어르신을 돌봐드리고 오는데, 옆집이라 수시로 가 보기도 한다.

하루는 아침에 문을 안 열어 줘서 아들한테 연락해 열쇠를 찾아 겨우 들어가 보니, 전날 밤송이를 따다가 넘어져 머리를 다친 채로 누워 계셨다. 그 뒤로는 직접 열쇠를 가지고 다니면서 열고 들어간다. 자식들이 화상 통화하려고 스마트폰을 사드렸는데 전화 받는 법을 익힐 수가 없어 무용지물이 되어 버렸다.

어르신은 다니던 병원에서 항우울제를 복용하기 시작한 상태다. 방문간호사의 말을 듣고 아드님이 처방받아 오셨다. 어르신은 "아이들이 다 나가서 죽고 싶다"고 하시곤 했다. 혼자 살고 계시지만 마을회관에 가서 지내실 때는 치매가 있어도 잘 지내셨는데, 코로나로 인해 집에만 계시니 우울증까지 생긴 것이다. 증상이 들쭉날쭉하긴 하지만 오늘은 마을 사람이 여럿 다녀가서 그런지 기분이 많이 좋아진 상태다. 주변에 사람들만 같이 있을 수 있다면 약을 단기간만 사용해도 될 듯했다.

안성 곳곳에 주간보호센터가 많이 생기고 있지만, 허은희 이장은 가장 좋은 주간보호센터는 마을회관이라고 역설한다. 마을회관은 수 십 년을 이웃으로 살면서 서로의 환경과 가족까지 잘 아는 사람들이 모여 서로의 안부를 묻고 같이 밥을 먹는 곳이다. 여기서는 마을에서 같이 지내던 익숙한 사람이 돌봐드릴 수 있다. 자식들도 들어 주지 않는 나의 말을 다 들어 주는 사람들이 있다. 조금 실수를 해도 이해해 줄 수 있는 사람들이 같이 있다. 공동의 놀잇감이 있고, 같은 관심거리가 있으며, 안전하여 길을 잃을 염려가 없다. 위의 치매 어르신도 코로나로 인해 마을회관이 닫히지만 않았으면 우울증까지 걸리지 않고 잘 지내셨을 것이다.

10시에 일을 끝낸 허은희 이장은 마을 일로 바쁘다. 상동마을 38가구 가운데 7가구가 어르신 혼자 사신다. 오늘은 작년에 수해를 입은 마을 농로 포장과 배수로 공사를 하러 와서 현장에 안내를 해 주었다. 그러고 나서는 긴급 지원이 필요한 집에 맞춤형 급식팀을 모시고 가서 상담했다. 마을에 토지 개량제인 규산질 비료가 도착해 마을회관 앞에 내려 놓도록 했다. 마을에 이 분의 손길이 안 닿는 곳이 없는 듯하다.

허은희 이장은 안성 출신이지만 일찌감치 서울로 이사를 가서 학교를 다녔고, 우연히 안성 사람을 만나 결혼해 살고 있었다. 시어머니가 몸이 불편하시게 되자 막내 며느리임에도 불구하고 시댁인 금광면 상동마을에 들어가 살기로 했단다. 안성의 강원도라 불리는 금광면에서도 골짜기 마을이다. 워낙 인간관계도 좋고 일처리를 잘하니 여기저기 많은 일을 맡게 되었다. 아이들 학교 자모회 총무부터 시작해 농협 여성산악회 총무 및 회장, 농업기술센터 생활개선회와 농촌지도자회 회장, 의용소방대 대장, 복지관 주방 봉사, 사회복지협의회에서 하는 꾸러미 배달 등 지역 사회에서 봉사를 많이 했다.

이렇게 바쁜 와중에도 옆집 치매 어르신을 돌보는 것은 오랜 시간을 함께해 온 분이기 때문이다. 마을 공동체가 살아 있고 이렇게 이웃을 돌보는 분이 있으면 정부에서도 큰 돈을 투자하지 않아도 건강한 노후가 보장되는 마을이 가능하다.

허은희 이장은 요즘 들어 '내가 복이 많아 여기 살았지' 하는 생각을 한다면서 이런 말을 했다.

"서울에 살았으면 나만 위해 살았을 것이고 아이들에게도 너만 위해 살라고 했을 것 같다. 아이들에게 집착도 많이 했을 것 같다. 하지만 어울려 사는 게 제일 잘 사는 것 아닌가. 엄마가 다른 사람들 도우며 사는 모습 보면서 아이들이 배우기를 바랐다. 아이들 교육에 그 이상은 특별히 신경 쓰지 않았다. 주변에 좋은 사람들을 많이 만나서 정말 행복하다."

허은희 님

힘 빠져서 일 못하겠어요

"원장님, 저 힘 빠져서 일 못하겠어요. 일주일간 휴가 좀 쓸게요."

가정간호사로 일하던 연화자 선생이다. 일주일에 세 번씩 방문해서 도와드리던 폐암 환자 분이 돌아가시자, 이 친구는 옆에서 보기에도 에너지가 다 빠진 듯했다. 의료진은 환자로부터 어느 정도 거리를 두어야 하지만, 때로 그게 잘 안 되는 사람도 있는 법이다. 죽음이 곧 닥치리라는 걸 알면서도 혼신의 힘을 쏟더니 결국 나가떨어졌다.

"그래요. 좀 쉬고 나오소."

워낙 사람을 진심으로 대하는 연화자 선생은 외래에서 일할 때 최우수 실무자 상도 여러 번 받았다.

안성의료협동조합에서는 가정간호사 제도가 없던 시절부터 방문간호를 해 왔다. 요양원 등의 시설도 없던 시절, 병원에 올 수조차 없는 사람이 많았기 때문이다. 그러다가 가정간호사 제도가 생기자 조합에서 간호사 두 사람을 파견해 공부를 하도록 했다. 임경숙, 연화자 두 사람이 교육을 받고 시험에 통과하자 바로 가정간호사업소를 만들었다. 안성의 인구는 18만밖에 안 되지만 면적은 서울시와 거의 비슷하다. 이동 거리가 멀어 시간 비용이 많이 드니 가정간호사업소는 늘 적자를 면하기 어려웠다. 하지만 마음을 다해 환자를 대하는 사람들이 있어 의료협동조합에는 반드시 있어야만 하는 사업소가 되었다.

연화자 간호사는 최근 몇 년째 보건예방 활동을 주관하고 있다. 보건학교, 건강실천단, 통증 관리 프로그램 등을 통해 조합원을 건강의 주체로 서게 하는 일을 하고 있다. 앞에 소개한 '나행시'도 멋지게 성공시킨 장본인이다. 항상 조합 본연의 일에 대해 고민하고 일을 만들어 내곤 하기 때문에 사무국에 새로 들어오는 젊은 친구들은 연화자 간호사와 눈을 마주치지 않으려 한다. 쉬는 날이면 이 친구가 조합 일을 고민하다가 걸어 온 전화를 가끔 받는다.

안성 같은 농촌 지역에서 정규 간호사를 구하기는 정말 어렵다. 연화자 간호사는 대학 졸업 후 안성과 근접해 있는 평택에서 간호사로 취직해 일하며 평택농민회 일을 돕고 있었다.

어느 날, 연화자 간호사는 안성 농민회에서 발행한 소식지에 안성의료협동조합 간호사 구인 광고를 보고 '이런 데도 있구나.' 싶어 조합에 전화를 해보았다. 선뜻 결정을 하지 못하니 다음 날로 조합에서 일하는 김보라, 박복희 간호사가 찾아갔다. 학생 때 농촌 활동을 하며 깨달은 것이 많아 농민들과 함께 하는 삶을 살고 싶어 평택농민회 일을 돕고 있었지만, 농사를 짓지 않고 게다가 싱글이었으니 외로운 느낌이었다. "우리와 함께 하면 좀 더 재미나게 일할 수 있지 않겠나."는 간호사 선배들의 말에 결정을 내렸다.

연화자 간호사는 안성으로 와서 농민회 회원과 결혼해 아이 셋을 낳고, 조합에서 26년째 일하고 있다.

우리는 평택에서 보물을 캐 온 셈이다.

연화자 간호사

24시간 중 어느 시간에도
사무실에 있어 봤어요

회계 담당으로 조합에 들어온 김대영 현 전무는 회계 일이 처음이라 했다. 일을 배우는 게 쉽지 않았던 이 친구는 다른 직원들이 출근해 보면 꼭두새벽부터 일을 하고 있는가 하면, 어떤 날은 집에 가질 않았다. 시키는 사람이 있는 것도 아닌데 스스로 답답했던지 그렇게 해서 일을 배웠다.

전에 있던 직장에서 사람을 함부로 대하거나 갑자기 해임하는 일이 종종 있었다며 안성의료협동조합에서 일하게 된 것을 좋아했다. 사무국 직원은 면 단위 지역을 한 군데 이상 담당하여 조합원 활동을 지원하는 일을 하는데, 이 친구는 너무 일이 많아 면제해 주려고 했음에도 그러면 협동조합을 다니는 의미가 없다며 지역을 맡았다. 3동 지점에서 일하는 직원이 회계 업무를 새로 맡아 어려워하자 본인 출근 시간 전에 3동에 들러 도와주고 출근하기를 서너 달 동안 하기도 했다.

그는 조합에 들어온 지 1년 만에 최우수실무자 상을 받았다. 그와 한 집에 사는 박윤경 씨가 축하의 꽃다발을 건넸다. 당시 안성의제 21이라는 협의체에서 일하던 조합원 박윤경 씨는 남편이 조합에서 일하도록 소개해 준 장본인이다. 같이 사는 사람이 바빠서 많이 힘들었을 텐데도 의료협동조합 일하는 걸 기뻐하고 지지해 주었다.

몇 년이 지나 김대영 씨는 김보라 전무의 뒤를 이어 2대 전무가 되었다. 상임이사를 그만둔 지 한참 된 나는 마음이 너그러워지고 시간 여유도 생겨 이렇게 글을 쓰고 있지만, 경영을 책임져야 했던 그 시절에는 늘 속이 탔다. 부진한 부서가 있으면 이렇게 하면 어떨까 저렇게 하면 좀 낫지 않을까 참견을 하기 마련인데, 이 친구는 한 번도 '잔소리'가 없다. 오히려 실적이 부진해서 얼마나 힘들까 걱정한다. 하긴 어떻게 해야 잘 할지는 담당 실무자가 가장 잘 아는 법이니.

김대영 전무

FM 같은 사람이 어떤 사람이냐고 묻는다면 김대영 전무를 소개해 주어도 좋다. 사무국에 직원이 새로 들어오면 조합 차를 운전해야 해서 연수를 해 주곤 한다. 김대영 전무는 자동차 엔진 속 톱니바퀴가 어떻게 맞물려서 돌아가는지부터 설명해 주기 때문에 신입 직원은 꼼짝없이 ABC부터 배워야 했다. 평소에는 직원들에게 무심한 듯한데, 기분이 안 좋아 보이거나 몸이 아파 보이면 관심을 갖고 물으며 챙겨 준다. 이런 그를 '츤데레'라 부르는 직원도 있다.

비결이 뭘까. 밤마다 벽에 붙여 놓은 체크리스트를 보며 하루의 마음가짐과 행동을 반성한다는 소문이 있다.

10만 원하고 주민등록등본 좀 줘 봐

　공도 지역은 안성의 서쪽으로 평택과 접한 곳이다. 아파트가 많이 들어서고 안성톨게이트가 가까워 서울로 출퇴근하는 사람이 많은 동네다. 이 동네에 수십 년째 살고 있는 이애순 이사에게 어느 날 친구가 의료협동조합 가입을 권했다. "10만 원하고 주민등록등본 좀 줘 봐. 의료협동조합에 가입해." 뭔지 몰랐으나 친목 모임에서 한 달에 한 번씩 밥을 같이 먹은 지 한참 된 이 친구가 사기 칠 사람은 아니어서 "그러지 뭐."하고 선뜻 대답했다.

　그 시절은 공도 지역에 의원과 한의원을 운영하는 지점을 만들기 위해 상가 한 칸 빌려 조합 사업소만 운영하면서 갖가지 소모임을 진행하고 있었다. 조합원이 된 이애순 씨는 체조 모임과 대안 생리대 만들기 등의 소모임에 나가곤 하다가 어느 날 자신을 가입시킨 친구의 전화를 받았다. 그 친구가 의료협동조합 이사를 하다가 임기가 다 되어 후임을 찾고 있는데, 이애순 씨한테 맡으라 했다. 당시 동네 이장을 맡고 있어서 바쁘니 다른 사람 시키라고 했는데, 친구는 마땅한 사람이 없다며 한 달에 한 번 회의만 참석하면 된다고 하여 이애순 씨는 수락을 했다.

일 년 동안 이사를 맡으면서 조합의 일을 다 이해하기 힘들었지만, 회의는 열심히 참석하고 있었는데 공도에 병원을 설립한다고 했다. 조합원이 공도에만 500가구가 되어야 병원을 만든다고 했으나, 아파트도 병원도 계속 들어서서 나중에는 자리를 구하기 어려울지 모르니 조합원이 300여 가구밖에 안 되지만 일단 만든다고 했다. 이애순 씨는 의료협동조합에 대해 잘 알지는 못하지만, 병원을 세운다니 신이 나서 주변 사람들한테 홍보하여 30-40명을 가입시켰다. 우리 동네 주치의가 생기는 것이고, 나의 건강에 대해 자세한 설명을 들을 수 있다는 등 어느새 의료협동조합에 대한 많은 내용을 말하고 있었다. 병원 자리는 예전에 예식장으로 쓰던 서안성농협 건물 2층을 계약했다. 이애순 씨의 아이 셋을 다 결혼시킨 곳이었다.

계약부터 인테리어, 완공, 개원까지 온 정성을 쏟았다. 2011년 12월, 드디어 서안성의원과 서안성한의원을 열었다. 시작을 했으니 이제 운영을 정상 궤도에 올려놓아야 했다. 아파야 병원에 오는데 주변 사람들에게 아프라고 할 수는 없는 일이다. 우선 검진을 열심히 홍보했다. 주변 사람들은 가입을 거의 시켰으니, 근처 아파트에 나가 전단지를 돌렸다. 사람들이 잡상인 취급을 하고 호응을 안 해 주어서 친하게 지내던 그 동네 이장을 오라 하여 같이 조합원을 모집했다. 그 아파트에는 다른 곳에서 이사온 사람이 많아 병원 위치까지 상세히 알려 주었다. 그럼에도 불구하고 삼사 년간은 적자를 면치 못했다. 이애순 이사는 첫 번째 소원이 조합원 100명 가입시키는 것, 두 번째 소원이 적자를 면하는 것이라 했다.

개원하고 4년이 지나면서 서안성의원은 안성의료협동조합에서 수익을 가장 많이 내는 곳이 되어 다른 기관에서 낸 적자를 메워 주고 있다. 조합원도 1,000명을 넘겼다! 서안성 지점은 올해 2021년 12월이면 10주년을 맞이한다. 해마다 창립 기념일이 되면 그냥 지나가지 않고 조합원들을 초대해 조촐한 기념행사를 한다. 이애순 이사는 의료협동조합 이사들에게 받아낸 후원금으로 떡국을 직접 끓여 나눈다. 나이 일흔이 넘었고 와중에 큰 수술도 한번 하셔서 쉽지 않은 일이나, 그 정성에 직원과 조합원들은 따뜻한 엄마 품을 느끼곤 한다.

이애순 이사

평가서를 다시 쓰란다

안성의료협동조합에서는 해마다 1월이면 전년도 활동에 대한 평가를 한다. 연초에 세운 계획 가운데 어떤 것을 얼마나 달성했는지, 부실했다면 앞으로의 대책은 뭔지 담당별로 평가서를 작성한다. 이를 토대로 운영위원회에서 검토하고 정리가 되면 내부 감사를 진행한 뒤 대의원 총회 자료집에 싣는다. 이번에 3동 운영위원회 평가서 중 내가 맡은 항목 하나를 대충 써서 냈더니 다시 쓰라고 돌아왔다. 감사가 정식으로 감사하기 전에 먼저 살펴보고 대책이 부족한 내용은 보충을 해 달라 한 것이다. 문장 몇 개를 더 쓰면 되는 건데 생각이 부족했던 게 보여 수정 제출했다.

안성의료협동조합의 감사는 세 분인데, 이들의 조합에 대한 애정과 열정은 대단하다. 감사 보고서가 평균 열 쪽 내외인 것을 보면 알 수 있다. 이 중 가장 오래된 김사욱 감사는 요즘 말로 '모태' 감사라 할 수 있다. 2006년에 의료협동조합 감사로 초빙되면서 조합 활동을 시작하여 중간에 이사 3년 하고 다시 감사를 맡아 2021년인 지금까지 15년째 하고 있다. 보통 '감사'라 하면 뒷짐 지고 뭐 잘못한 것이 없나 캐내는 사람을 생각하는데, 이 분은 그렇지가 않다.

3년 전에는 사무국 직원들에게 한 주에 한 번씩 10주 동안 사업 계획서 작성과 평가서 작성에 대한 교육을 했다. 사무국 친구들은 업무 외에 매주 두세 시간씩 따로 시간을 내어 강의를 들어야 했고 과제도 해야 했기 때문에 쉬운 일은 아니었다. 하지만 따로 강의비를 받는 것도 아니면서 한 번의 강의를 위해 며칠 밤을 잠도 못 자고 준비해 열정적으로 하는 강의에 열심히 따라하지 않을 수 없었다. 덕분에 조합에서 하는 일들을 보다 체계적으로 계획하고 평가하는 시스템이 갖춰졌다.

이 분은 직장의 연구소에서 제품 설계, 생산 설비 설계와 품질 관리 분야에서 수십 년간 일했다. 의료협동조합이 진행하는 사업을 보니 체계적이고 효율적으로 되지 않는 느낌이어서 제대로 된 매뉴얼을 만들고 싶었다 한다. 의료사협연합회 감사 모임에서 '감사 방법'에 대한 강의를 요청할 만큼 실력을 인정받았다.

아무래도 감사란 지적을 하는 사람이다 보니 갈등 관계에 놓일 때도 많다. 한 번은 모 위원회 활동에 개선의 여지가 제법 있어 몇 차례 개선 요청을 해도 시정이 되지 않아 어쩔 수 없이 대의원 총회에서 공개적으로 개선 요청을 했다가 담당 이사가 많이 서운했는지 험악한 분위기가 조성되어 맞을 뻔한 적도 있었단다. 다행히 총회에 참석한 대의원들은 바람직한 지적을 하였다 평가했다고 김사욱 감사는 회상했다.

우리 집에 온 적도 있는데, 그 날은 평소 잘 안하던 청소를 얼마나 열심히 했는지 모른다. 일 년에 두 차례 의료기관 청결 상태 감사를 받던 습관이 있어 왠지 우리 집도 감사를 받아야 할 것 같은 생각이 들 정도였다.

협동조합을 하다 보면 좋은 일 한답시고 절차상의 잘못 등을 그냥 넘어가는 경우가 있다. 그러나 이렇게 몸 바쳐 지적을 하는 분이 있어 시스템을 잘 갖추게 되곤 한다.

다시 고친 평가서를 보니 지적해 줘서 다행이란 생각이 들었다.

김사욱 감사

돌아온 남 상사

2011년, 간호조무사 면접을 하는 자리였다. 한 여성이 가방을 옆에 턱 내려놓더니 자리에 앉아 당당하게 "물어보실 거 있음 물어보세요." 했다. 함께 면접을 보러 온 다른 사람은 이분이 면접관일 것이라고 생각했단다. 하긴 세 번째 입사하는 자리여서 직원들도 익숙해 보는 사람마다 인사를 했으니 그럴 만도 하다. 두 번을 그만두었으니 들락날락한 것 같지만 육아 때문에 어쩔 수 없이 그만두었다가 아이들이 좀 자라서 다시 들어오려 하는 중이었다. 잘 아는 사람이지만 직원을 채용할 때는 공정한 과정을 거쳐야 하기 때문에 다시 면접을 보았고 합격했다.

누구에게나 내 얘기 다 들어주고 마음으로 공감해 줄 것 같은 사람이 주변에 있지 않을까? 이 친구가 그렇다고 생각하면 된다. 그런데 말투가 사근사근하거나 간을 다 빼줄 것 같은 그런 분위기의 위인은 아니다. 투박하게 대하는 것 같지만 진심이 바로 전달되는 그런 분위기의 사람이다.

이 친구는 1996년에 입사했으니 개원 후 2년 만에 들어온 초창기 멤버라고 할 수 있다. 처음에 한의원으로 들어왔는데 침구실에서 환자분들을 진심껏 돌봐드리고 힘든 일도 척척 해 내어 침구실장으로 자리를 잡았다. 원장이나 물리치료사나 간호조무사나 소중한 멤버로 대접받고, 환자를 위하는 분위기에서 일하는 게 즐거웠다고 한다. 같이 일하는 사람들이 다 정이 들어 그만둔 사람들도 지금까지 만나고 있다.

의료 기관의 실무자이지만 초창기에는 조합 소식지 만드는 일에도 참여해 조합원 탐방을 가곤 했다. 탐방에서 만난 조합원들 사는 모습에 감동할 때가 많았다. 안성의료협동조합은 초창기에 일본의 가와사끼의료생협과 자매결연을 맺은 뒤로 2년에 한번 최우수 실무자와 최

남수정 방문간호조무사

우수 조합원을 일본 의료생협에 견학을 보내곤 했다. 세 번째 해이던 1998년, 최우수 실무자로 선정되어 일본 의료생협 견학을 다녀오니 당시 이수청 초대 이사장이 잘 다녀왔냐고 전화까지 해 준 기억이 푸근하게 남았다. 우리동네의원에서 일할 때는 어린이 건강학교를 직접 진행도 해보았다. 이런 경험들이 쌓여 많은 어려움에도 그를 '의료협동조합맨'이 되게 한 듯하다.

2019년, 휴직을 하고 1년간 방문간호 공부를 하여 2020년부터 방문간호조무사로 안성 지역 구석구석을 돌아다니며 일하고 있다. 최근에는 안성의료협동조합의 또 다른 주요 사업을 준비하고 있다. 돌봄이 필요한 사람이 별도의 시설에 들어가지 않고 자신이 사는 곳에서 어울려 살아가도록 하는 지역 사회 돌봄 시스템, 바로 커뮤니티 케어다.

2011년 면접 자리에서 이 친구를 처음 만난 이정찬 이사장은 그의 씩씩한 모습에 신선함을 느껴 '돌아온 남 상사'라 부르곤 했다. 지역 사회를 누비고 다닐 남 상사의 활동을 기대해 봐도 좋을 듯하다.

4장

마을에서 알콩달콩

아니, 그걸 천 원만 받으면 어떻게 해요

　안성에 있는 소비자생활협동조합인 안성두레생협에서는 봄(3-5월)과 가을(9-11월)이면 한 달에 한 번 두레장터를 연다. 조합원들이 농사지은 것, 요리한 것, 손으로 만든 공예품 등을 가지고 나와 팔고 교류하는 자리다. 열심히 참여는 못하지만 병원 바로 뒤에서 열리기 때문에 토요일 퇴근길에 들러 맛난 것도 먹고 조합원들의 손길 어린 물건들을 이것저것 구입하기도 한다.

　어느 날 농사짓는 분이 단호박을 가지고 나와 천 원에 판매하는데 괜히 화가 났다. "아니, 그걸 천 원만 받으면 어떻게 해요?"하고 따졌다. 왜냐하면 그 당시 우리 집 텃밭에 단호박을 몇 포기 심었는데 잘 열리지 않아 겨우 살아남은 한두 개 열매를 조금만 더 크라고 애타게 기다리고 있었기 때문이다. 그 정성, 그 마음을 어찌 단돈 천 원으로 바꿀수 있단 말인가. 그분은 풍작이어서 착한 값에 내놓은 거지만 나의 농사 수준을 잘 아는 분이라 씨익 웃기만 했다.

진료실에 농산물을 들고 와서 주시는 분이 종종 있다. 텃밭에서 키운 상추, 호박, 가지, 오이, 매실나무를 키워 담근 매실청, 뒷산에서 도토리를 주워다가 만든 도토리묵, 농사지은 쌀까지…. 시장에서 쉽게 살 수도 있는 것들이지만, 거기에 깃들인 정성과 마음을 잘 알기에 "아니, 이 소중한 것을…." 하고 넙죽 받는다. 시장에 흔한 농산물과 그 분이 가져온 농산물은 같은 것이 아니다. 나도 농사지은 것 아무한테나 안 준다. 정말 소중한 사람들과 나누고 싶어서 준다. 내가 먹지 못하더라도 주고 싶다.

자식을 키워 보고서야 생명이 얼마나 소중한 줄 깨닫지 않았는가. 농사를 지어 보니 화폐 가치로 환산할 수 없는 농산물의 소중함을 알게 되었다. 매일 먹으면서도 알아채지 못했던 보물을 발견한 듯 기쁘다.

사람만 보면 같이 살자고 해

오늘은 집에서 키우는 개 '대발이'의 집이 낡아 지붕을 새로 씌워 주었다. 지붕 개량을 '껀수' 삼아 마당에 맥주 몇 캔 꺼내 놓고 내가 사는 들꽃피는마을 식구들을 부른다. 다들 안주 하나씩 들고 모여 한상 차림이 되었다. 맥주 마시러 호프집에 갈 필요도 없고 사람들을 부르느라 번잡하게 준비할 필요도 없다. 집에 남은 음식이 있으면 가져와 풀어놓는다. 아이들 읽어 주던 그림책 속의 이야기처럼, 펼쳐 놓으면 음식이 생기는 요술 보자기 같다. 햇볕은 따스하고 소박한 사람들은 정겹기만 하다.

마을에는 텔레비전 없는 집도 많고 에어컨 없는 집도 있어, 여름에는 더위를 식힐 겸 마을회관에서 에어컨 틀고 함께 영화를 보기도 하고 축구 경기나 선거 개표 방송 등을 보기도 한다. 일요일 아침에는 마을에서 공동으로 해결해야 할 일들, 주차장과 아이들 놀이터 풀 뽑기, 지하수 물탱크와 정화조 청소, 나무 심기 등을 함께 한다. 한 달에 한 번씩 달모임을 열어 마을 일을 논의하고 함께 밥을 먹는다.

'들꽃피는마을'에 10가구가 모여 산 지 올해로 10년째다. '안성천살리기시민모임'이라는 환경 단체에서 활동을 하다 보니 자연과 더불어 생태적으로 살고 싶어졌다. 그러려면 같이 살아야 했다. 의료협동조합에서 만난 조합원들과 안성천살리기시민모임에서 함께 활동한 회원들 가운데 그런 삶에 관심 있을 것 같은 사람들을 모았다. 나중에 들어보니 사람들이, "권 원장은 사람만 보면 같이 살자고 한다."고 했단다.

10가구가 한 달에 한 번 꿈꾸는 모임을 시작한 지 10년 만에 마을을 이루게 되었다. 우여곡절이 많았다. 중간에 나가거나 들어온 사람도 많고, 잘 모르고 토지를 마련해서 농사를 함께 짓다가 여러 가지 문제가 생기기도 했다. 포기해야 하나 싶을 때, 지인 중에 생태 마을을 만들어 주는 회사에 다니던 건축가가 "같이 하고 싶다. 내가 친구 몇 가구불러 오고 건축도 할 테니 함께 마을을 만들어 보자." 하여 다시 진행이 되었고 그로부터 3년 만에 마을을 이루게 되었다. 토지 2천 평을 공동으로 구입해서 주차장, 마을길, 놀이터, 연못, 마을회관 등 공동 공간을 마련하고, 이 공간을 제외한 나머지 땅을 나누어 150평에서 200평을 개인 소유로 했다.

처음에는 경제 공동체까지 꿈꾸었으나 현실 가능성이 너무 떨어져 마을로 함께 살아 보자고 마음을 바꾸었다. 준비 과정에 공부하면서 읽은 책에서는 공동체성이 느슨할수록 오래간다는 내용도 있었다. 무조건 같이 하는 것보다 함께 해서 좋은 것은 강화될 것이고, 당위로 함께 하는 것은 도태되겠지 생각했다. 살다 보면 많이 싸우기도 하겠지 했으나 예상보다 행복했다. 자잘한 갈등이야 없지 않았지만 자연과 더불어 살아가는 행복감, 함께 하는 즐거움에 비할 바가 못 되었다.

마을에 들어갈 때 존경하는 선배가 "경천(敬天), 경인(敬人), 경물(敬物)"이라는 화두를 주었다. 하늘을 공경하고, 사람을 공경하며, 세상 모든 만물을 공경하라. 20평 농사를 짓고 개와 고양이 그리고 닭 8마리를 키우며 살다 보니 소중하지 않은 것이 없다. 아파트에서는 버릴 수밖에 없던 깨진 그릇 같은 물건도 여러 용도로 요긴하게 쓰는 경우가 많다. 음식물 찌꺼기는 닭이 먹거나 퇴비장으로 들어가 다음 농사의 밑거름이 된다. 지붕 위에서 흘러내리는 빗물은 모아두었다가 농사 짓는 데 쓴다. 출근하는 방향이 같으면 차를 함께 타고, 잔디 깎는 기계나 큰 사다리 등은 여러 개를 구입할 필요가 없다. 최근에는 빨래 건조기를 같이 구입해 마을회관에 놓고 쓴다.

함께 하니 모든 것이 넉넉하고 모든 것이 소중하다.

마을을 준비하며 더불어 살고 싶은 꿈을 담아 만든 노래다. 아이들이 이 노래를 좋아하여 어느 집에서는 매일 자장가로 불러주기도 했다.

참새는 오늘도 방앗간에 간다

오늘도 퇴근길에 참새가 방앗간 가듯 안성두레생협에 들른다. 병원에서 1분 정도 걸어가면 매장이 있다. 매장을 관리하는 분들은 새로 나온 상품을 소개하기도 하고, 요리를 못하는 조합원에게 조리법을 알려주기도 한다.

생활에 필요한 물품 대부분을 안성두레생협에서 해결한다. 반찬거리, 과일, 쌀, 휴지, 세제, 간식거리 등등. 식구들이 건강한 땅에서 나온 건강한 음식을 먹어서 좋기도 하지만, 나의 구매가 친환경 농업을 확산시키고 땅을 살리는 데 도움이 되리라 기대를 걸어 보기도 한다.

안성두레생협에 더욱 애정을 갖는 이유는 또 있다. 이 조합이 안성의료협동조합에서 비롯되었기 때문이다. 초창기 조합원들은 건강한 먹거리를 구하기 위해 일주일에 한 번 생협 생활재 공동구매를 하는 소모임 '생활재 모임'을 만들고, 지역의 가치를 소중히 여기는 두레생협과 거래를 했다. 그러다가 우리동네의원(당시 우리생협의원) 안에 공간을 마련해 실무자를 두고 상시적으로 생활재를 구입할 수 있는 매장을 만들었다. 이것이 발전해 병원 근처에 매장을 마련하고 200여 명의 조합원이 모여 하나의 새로운 협동조합으로 독립했으니 어찌 소중하지 않겠는가. 2021년 현재 안성두레생협에는 조합원 2,800여 명이 있고, 2014년부터는 아파트가 많은 공도 지역에도 매장을 냈다.

2010년 2월 안성두레생협 창립총회가 열리던 날, 김영향 초대 이사장이 한 말이 기억난다. 창립총회를 도와주러 두레생협중앙회에서 오신 분이 안성 분위기가 너무 좋다며 '의료협동조합이 있는 곳이라 다르군요.' 하더란다. 소비자생협이 잘 만들어졌는데 의료협동조합을 칭찬하다니 의아했지만 그 마음이 고마웠다. 의료협동조합이 지역 사회에서 또 다른 협동조합의 산파 역할을 한 것이 뿌듯하긴 했다. 이렇게 협동조합이 계속 생겨 우리 생활의 많은 부분을 협동조합에서 해결하고, 나아가 안성이 협동조합 도시가 되기를 바래 본다.

한 달에 한 번씩 모이는 날

오늘은 들꽃피는마을 달모임을 하는 날이다. 마을에는 공동으로 해결해야 하는 일들이 늘 있다. 마을회관, 주차장, 놀이터, 지하수 물탱크, 정화조 등 함께 쓰는 시설물 관리 문제를 비롯해 마을의 경조사 등도 같이 의논한다.

한 달 동안의 근황을 이야기하며 모임을 시작한다. 마을에 살아도 자주 오가지 않으면 집집마다 무슨 일이 있는지 잘 모르기 때문이다. 누구는 나이 쉰인데 대학원을 가겠다, 누구는 승진을 하더니 일이 많아져 힘들다, 누구는 취직 준비 중인데 언제 될지 모른다, 누구는 퇴직하고 시를 쓰고 있다는 등 다양한 이야기들이 나온다.

이번 모임의 주요 안건은 두 가지다. 첫 번째는 택배함 설치. 주차장에 공동 택배함을 만들어 배달하는 분도 편하고, 마을길이 푹푹 패이지 않도록 하자는 제안이다. 마을길은 포장을 안 한 흙길이라 비가 오는 날 차가 드나들면 질어진 흙이 더 패이기 때문이다. 마을 초창기부터 여러 번 나왔던 안건인데 따로 지키는 사람이 없는 상황에서 관리 문제가 있어 해결하지 못한 일이다. 이번에는 좀 더 적극적으로 아이디어를 내는 사람들이 있어 작은 컨테이너를 놓고 번호 키를 달아 설치하기로 했다. 택배 기사님들도 조금 편해질 것 같다. 두 번째 안건은 현관 방충망 설치 건이다. 처음에 설치한 방충망이 파손된 집들이 있어 손을 봐야 할 집을 모아 보니 네 가구 정도 되어 공동으로 재설치를 하기로 했다. 출장비가 조금 절약될 것 같다.

다음 달에는 차기 회장과 총무를 선출해야 한다. 들꽃피는마을에서는 6개월에 한 번 제비뽑기로 회장단을 뽑는다. 서양 민주주의의 시초였다는 고대 그리스에서 제비뽑기로 대표를 정했다는 전설에 따라 우리도 그렇게 해보기로 했다. 누가 잘나서 회장을 하면 잘난 체를 할 텐데 그러지 않아서 좋고, 일 잘하는 사람에게만 일이 쏠리면 그도 불만이 될 터인데 모두 돌아가며 맡으니 공로를 내세울 것도 없다. 맡아서 하다 보면 마을 일에 더 관심을 갖게 되어 주인의식도 높아진다.

달모임을 하는 날 식사 준비도 초기에는 같이 하다가 자꾸 잘하는 사람 위주로 일이 많아져 식사 당번을 정했다. 두 집이 식사 준비와 설거지까지 알아서 하니 1년에 두 번만 신경을 쓰면 된다. 4월의 마을 생일잔치와 12월의 송년회는 함께 준비한다.

오늘 식사 당번은 카레와 샐러드, 통인동 기름 떡볶이를 준비했다. 다른 집에서도 나누고 싶은 음식 몇 가지를 들고 와서 풍성하게 먹었다. 선선한 계절이라 식사를 한 뒤에 함께 산책을 했다. 요즘 열심히 운동하여 체중을 꽤 줄인 친구가 있어 모두들 따라 산책하는 분위기가 되었다. 산책을 마치고는 마을회관에서 영화를 함께 보았다. 어느새 밖은 깜깜해졌다.

한 달이 이렇게 저물어 간다.

우리는 이 길을 '상자로'라 부르기로 했다

비오는 날이다. 출근길에 앞집 친구를 만나 "이거 안 깔았으면 어쩔 뻔했어."하며 주차장으로 향한다.

들꽃피는마을을 준비하는 동안 한 달에 한 번씩 모여 마을 생활을 어떻게 할지 여러 가지 것들을 결정했다. 그 중 마을길에 대한 이야기를 하는 날이었다. 땅 모양이 길어서 10가구를 양쪽에 배치하고, 그 사이를 따라 길쭉한 마을길이 생기게 된다고 했다. 이 길을 콘크리트로 포장할 것인지 시골길답게 흙으로 놔둘 것인지가 문제였다. 포장을 하기에는 큰돈이 들기도 했지만 자연 그대로 유지하는 게 좋겠다는 합의에 이르렀다. 자연 친화적인 삶을 살기 원했던 사람들이기 때문에 어쩌면 당연한 결론이었다.

그때 "그래도 디딤돌 정도는 있어야 하지 않겠나."는 제안이 나왔다. 제안을 한 사람은 마을에서 유일하게 구두를 신고 다니는 사람이었다. 시골에 살아 보지 않은 우리는 흙을 밟고 다니는 게 좋을 것 같지만, 제안이 들어왔으니 마치 선심 쓰듯 깔자고 결정했다. 디딤돌이 무거워 쉽지 않은 일이었다. 툴툴거리며 마치 누구를 위해 일하듯이 했다.

그런데 막상 살아 보니 겨울에 눈이 오고 땅이 얼었다가 녹으면 보통 질퍽거리는 것이 아니었다. 비가 조금만 내려도 걷기가 어려웠다. 디딤돌 안 깔았으면 발 디딜 곳이 없었겠다며 비오는 날마다 우리는 회심의 미소를 지었다. 그리고 제안한 사람의 이름을 따서 이 길의 이름을 '상자로'라 부르기로 했다.

살아 보지 않고, 경험해 보지 않고는 어떤 것도 함부로 말할 일이 아니다.

동물농장이 되어 버린 집

딸은 그림책 작가 지망생이다. 어려서부터 동물을 좋아하던 딸아이는 수의사가 꿈이었는데, 고등학교 2학년 때 목표를 바꾸어 미대를 가겠다고 했다. 수의학과를 들여다보니 동물 실험도 많고 본인 성격에 맞지 않는다고 했다. 사실 진정한 이유는 성적이 그렇게 좋지 않은데 올릴 자신이 없기 때문인 것 같았다. 공부하는 걸 좋아하지 않는데 공부하느라 청춘을 낭비하고 싶지 않기도 했으리라. 그래도 부모 생각에 동물 그림도 잘 그리는 수의사가 되면 좋겠다고 했지만, 고집이 센 엄마를 닮아 생각이 바뀔 가능성은 없었다.

딸아이는 시간에 쫓기지 않고 현재를 즐길 줄 안다. 대학교 4학년을 앞둔 겨울방학에는 독일, 스페인, 모로코, 이탈리아를 25일간 여행하고 돌아왔는데 사진을 보면 구석구석이 재미나다. 수의대를 갔으면 지금쯤 잘하지도 못하는 공부에 얼마나 시들어 있었을까. 아니 수의대 가지도 못하고 떨어져 재수 삼수, 그리고 나서야 목표를 바꿨을까 생

각하면 아찔하다. 본인을 가장 잘 아는 건 역시 본인이다.

그나저나 동물을 좋아하는 아이 덕에 우리는 큰 개 한 마리와 고양이 한 마리에 닭 여덟 마리를 키우고 있다. 고양이는 태어난 지 이 주도 안 되어 보이는 새끼였는데 길거리에서 울고 있는 걸 아이가 보고 데려왔다. 나는 게을러서 동물을 키우고 싶지 않았지만 딸 덕분에 여태까지 해보지 못한 것을 많이 경험했다. '닭대가리'라고 무시당하는 닭이 실제로는 얼마나 똑똑한지 알게 되었고, 암탉이 알을 품어 병아리가 나오는 순간도 생생하게 목격했다. 개성 있고 멋지게 자란 고양이, 사랑스러운 개와도 친해졌다.

아이를 낳으면 사랑하는 아이를 중심으로 세상을 바라보게 된다. 길은 안전하게 건널 수 있는지, 학교 앞에서 파는 군것질 거리는 해롭지 않은지, 선생님은 우리 아이가 조금 부족해도 사랑으로 품어줄 수 있는 분인지….

그런데 동물을 좋아하게 되면 또 다른 눈으로 세상이 보이는 것 같다. 동물들이 어떤 대

아이가 설계해서 아빠와 같이 만든 개집. 중학교를 안성에 있는 대안학교에 다니면서 여러 가지 작업을 많이 해봐서 그런지 톱질도 척척 잘한다.

우를 받고 있는지, 사람이 동물과 같이 지내려면 어때야 하는지… 약자의 시선으로 바라보면 세상이 얼마나 폭력적인지 느끼게 된다. 이 아이는 동물의 시선으로 세상을 바라보니 그 폭력성을 더 깊이 체감하는 것 같다. 구제역이나 조류독감 때 살처분을 비롯해 얼마나 많은 폭력을 동물에게 가하고 있는지….

　나는 딸을 보면서 나의 무딘 생명 감수성을 회복하려 노력해 본다. 아래 만화는 딸이 고등학교 때 동물보호단체에서 하는 프로그램에 참여해 그린 것이다.

흰 수탉 가족과 닫힌 닭장

저한테는 가족이 있고 저는 가장 입니다.

저희 가족은 마당을 자유롭게 돌아다니는데

항상 닫힌 닭장이 있습니다.

그 속에는 제 친구들이 많이 있습니다.

사실 친한 친구는 그 곳에 더 많이 있었습니다.

수탉 친구 하나

붉은 털이 매력적인 수탉친구가 있었는데

우연히 닭장 밖으로 나왔다가 우연히 풀린 개판으로 몰려 죽었습니다.

사람이 붉은 털이 멋진 수탉을 보더니

수탉친구 둘

수탉친구 둘이 있었는데 수탉 아니란가봐 그 둘로 매일 싸웠습니다.

그러다 한 친구가 많이 다쳤는데

사람이 보더니

남은 수탉 친구

남은 친구는 유혈한 가장이 됐지만

숲터서 매일 반낮 일이 좋았습니다.

사람이 시끄럽다 때리더니

암탉 친구

노란 털이 이쁜 암탉 친구도 있었는데 영리해 풀던 알과 벌어리를 저쪽 쪽에게 도둑 맞았습니다.

몸과 마음이 지친 암탉친구는 우울증에 걸려 시름시름 앓았습니다.

사람이 그 이쁜 암탉을 보더니

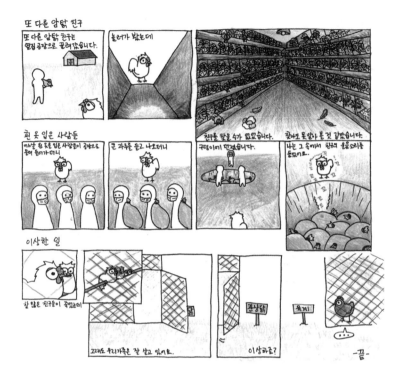

　남들은 자녀 교육을 위해 강남으로 간다지만 이 아이를 위한 교육 환경은 바로 여기, 안성에서도 금광면 시골이 최고라 생각한다. 동물을 그리는 그림책 작가가 되고 싶은 딸에게 동물농장이 되어 버린 우리 집 이상 좋은 교육 환경이 어디 있겠는가.

마을이 학교를 살린다

들꽃피는마을에는 열 집이 사는데 그 중 다섯 집에 학령기 아이들이 있다. 우리가 사는 곳은 안성시 금광면에서도 굽이진 고갯길을 더 올라가야 하는 시골이다. 아이들 보낼 학교를 찾아보니, 마침 주변에 전교생이 이십 명 안팎인 작은 분교가 한 곳 있었다. 안성시에 분교가 여러 곳 있었는데 다 없어지고 유일하게 남은 곳이었다.

도시 사람들은 이해가 안 가겠지만 분교를 선호하는 학부모들도 있다. 특히 교사인 부모들이 그렇다. 학교 내부 사정을 잘 아는 교사 부모들은 대부분의 학교에서 교사들이 교육 이외에도 일이 많아 아이들에게 쏟을 에너지가 너무 적다고 했다. 마을 식구들은 학생 수가 적어 아이들과 교사의 접촉이 많은 분교를 원했다.

마을에서 걸어서 오 분 거리에 있는 조령분교는 학생 수가 자꾸 줄어 폐교 위기에 있었다. 모든 농촌이 그렇듯 젊은 사람들이 많이 떠났기 때문이다. 우리 마을 아이들이 들어가면서 간신히 폐교 위기를 면

했다. 그래도 입학을 준비하는 시기가 되면 정원이 아슬아슬해서 마을 식구들이 입학 대상자 명단을 확보해 동네를 찾아다니며 분교에 보내라고 독려하곤 했다.

분교에 아이를 보낸 학부모들은 학교 행사에도 열심히 참여하고 운영위원회도 함께 했다. 부모들이 지닌 역량을 발휘해 목공 수업, 자연 생태 교육 등을 하니 수업 내용이 풍성해지고 아이들은 행복해했다. 안성 시내에 살면서 일부러 금광면의 조령분교로 아이를 보내고 싶다는 부모도 생겨났다. 학예회 날이면 출근하지 않는 마을 사람들은 같이 가서 구경하고, 운동회 날이면 함께 김밥을 말기도 했다. 마을회관은 종종 학부모들의 모임 장소로 쓰였다.

아이들이 마을에서 자라난다는 건 참으로 큰 행복이다. 나의 엄마, 나의 아빠만이 아니라 마을 어른 모두가 아이에게 관심을 가져 주고 하다못해 지나가며 웃음을 주고받는 것만 해도 아이들에게는 큰 '뒷심'이 생긴다. 영어 단어 하나, 수학 문제 하나와 비교되지 않는 자산이 된다.

마을에 처음 이사왔을 때 앞집 하린이는 다섯 살이었는데 엄마가 잠시만 보이지 않아도 울음을 터뜨리곤 했다. 그러던 아이가 어느 날, 쉬던 아빠와 함께 주차장에서 출근하는 마을 식구들을 배웅했는데 다 떠나자 "우리 식구들 다 나갔네."라고 말했단다. 하린이 동생 하율이는 뒷산에 올라가 밤송이가 많이 떨어져 있는 것을 보고 "아빠, 이거 구워서 마을 식구들이랑 나눠 먹자."라고 했단다. 함께 나누며 사는 게 좋은 줄 아이들이 먼저 알게 되는 것 같다.

　최근에는 하린이가 마을에 살게 된 길고양이가 낳은 아기고양이들의 모습에 '꽂혀' 버렸다. 한두 마리 데려다 키우기도 하고 있는데 어느 날 한 마리가 택배 차량에 깔려 죽는 사고가 났다. 하린이는 몇날 며칠을 울더니 마을에서 고양이를 함께 해결하자고 제안했다. 어린 고양이는 입양을 시키고 큰 고양이는 중성화 수술을 시키자고 했다. 열 집 중에 고양이를 키우거나 좋아하는 다섯 집이 모여 상의했다. 돌아가면서 사료를 사오고 아기고양이들을 한 마리씩 임시 입양해서 돌봤다. 예쁘게 사진을 찍어 입양 홍보물을 만들고 여기저기 배포했다. 한 마리씩 입양되어 갔고, 하린이는 그 때마다 닭똥 같은 눈물을 흘렸다. 어른 고양이 네 마리는 아는 동물병원에서 할인을 해 주어 중성화 수술

을 마쳤다.

이 모든 과정은 이제 중학생이 된 하린이와 그를 도운 엄마의 기획과 실행력으로 이루어졌다. 어린 고양이들과 눈을 맞추게 된 과정, 너무 예쁘지만 다 돌볼 수는 없다는 현실을 인식한 과정, 최선을 다해 이 문제를 해결하되 본인은 힘이 없으니 마을의 어른들을 동원하고 자원을 활용하는 모습을 보며, 또 그 일에 마음을 모아 도와주는 어른들을 보며 '마을이 아이를 키운다'는 말을 실감한다.

우리 동네 파바로티

　주제넘게 성악가에게 노래를 배우고 있다. 노래 부르는 걸 좋아하는데, 목소리가 너무 약하고 '시'까지도 안 올라가는 건 평생의 한이었다. 동네인 금광면에 '이룸'이라는 합창단이 생겨 참여하다 보니 노래를 못하는 게 더욱 답답해졌다. 지휘자 선생님께 따로 부탁을 드렸더니 고맙게도 개인 레슨을 해 주셨다. 목이 트이는 데는 일 년 이상이 걸렸다. 발성에 대해 아무리 설명을 듣고 또 들어도 몸으로 이해하는 게 쉽지 않았다. 인내심 강한 스승님 덕에 이제 스스로 즐거울 정도는 소리가 난다. 남이 듣기에도 즐거운 정도는 아니어서 아직 멀었지만 충분히 행복하다.

　노래를 가르쳐 준 선생님은 안성 출신으로 독일로 유학 가서 공부하고 오페라 가수 활동을 하다가 고향으로 돌아왔다. 제아무리 독일에서 잘나갔다 해도 한국에 들어와 발붙이기가 어디 쉽겠는가. 그의 시선은 고향인 안성으로 향했다.

독일에서 공부할 때 평등하고 자유롭게 음악을 향유하는 문화가 참 좋았다 한다. 낮에는 일하고 저녁에는 편한 복장으로 음악회에 가서 감상한다. 청소하는 분이든, 대학교수든, 의사든 함께 저녁 음악회에서는 자유로이 음악에 대해 이야기한다.

이런 문화를 안성에서도 실현해 보고 싶어 금광면 시골 마을 부모님 댁 앞 텃밭에 '이룸'이라는 음악 카페를 열었다. 거기서 한 달에 한 번 성악가, 피아니스트, 바이올리니스트 등 다양한 음악가들을 초대해 음악회를 연다. 이룸 합창단도 매주 여기에서 연습을 한다. 독일이나 오스트리아에 여행을 가면 큰맘 먹고 갔던 음악회, 바로 코앞에서 쩌렁쩌렁 울리는 연주를 듣는 감격을 지방 도시 안성, 그것도 시골 마을 금광면에서 누리게 된 것이다. 서울에서 하는 음악회는 비싼 표를 사서 들어가도 연주하는 사람은 저 멀리 있지 않던가.

이 분은 자신의 노래로 사람들이 위로를 받을 수만 있다면 어디든, 누구 앞에서든 노래를 부른다. 카페에 노래가 필요한 사람이 찾아오면 서슴없이 노래를 불러 준다. 시설에 계신 어르신들을 위해 자신이 지휘하는 실버 합창단을 모시고 가서 함께 노래를 부른다. 이런 그를 보면서 "먹고 살기 참 힘든가 보네."라고 말하는 사람들도 있다. 하긴 우리가 아는 대부분의 성악가는 아무 데서나 노래 안 하지 않던가. 자신이 노래로 위로를 얻었기 때문에 다른 사람에게도 그것을 전해 주고 싶은 마음인 거다.

우리 동네 파바로티

   그가 안성 같은 시골에서 태어나지 않았어도, 대도시에서 활동하게
되었어도 이런 모습일까 생각하곤 한다. 안성의 산과 물, 카페에서 바
라보는 들판의 노을, 정다운 이웃들이 아니었어도 이런 활동을 할 수
있었을까.

   이런 분에게 노래를 배우는 나는 전생에 복을 많이 지었을 거라 생
각한다. 단 하나 내가 잘한 게 있다면 안성에 사는 것뿐이다.

유명한 화가의 그림보다
내 그림이 좋다

"우와, 느티나무에 산신령이 내리신 것 같네요."

"나무에 고양이 얼굴이 숨어 있는데요?"

"나무와 나무가 정답게 의지하는 숲을 그리고 싶었어요."

"나무 자체보다는 나무들이 어우러진 공간을 그리려 했어요."

"출렁이는 물을 그리고 싶었어요."

"나무 사이로 요정이 날아다닐 것 같아요."

"물을 포기하지 말고 좀 더 그려 주었으면 좋았겠어요."

"할아버지 나무와 할머니 나무 '사이'를 그리고 싶었어요."

"나무를 그릴 때 나뭇잎이 어떻게 생겼는지 정확히 보고 특성을 그려 주어야 해요. 요즘은 직업으로 그림을 그리는 사람들도 그렇게 잘 안 해요."

금광면에 있는 박두진 조각공원에서 그림 모임 멤버들이 야외 스케치를 하면서 나눈 대화다. 다섯 명의 멤버들이 흩어져 한 시간여 그림을 그리고 모여서 수다를 떤다. 본인은 어떤 생각으로 그렸는지, 무엇을 표현하고 싶었는지, 서로의 그림을 보며 어떤 생각이 드는지, 무엇이 아쉬운지 자유롭게 얘기한다. 그리면서 드는 질문이 있다면 작가 선생님들이 조언을 해 준다. 야외에서 그리는 그림은 완성도는 떨어져도 생생함이 살아 있어 날이 좋을 때 야외 스케치를 하곤 한다.

이 모임은 안성에 사는 이억배, 정유정 작가와 함께 한다. 그림책 작가 부부인 두 사람이 일반인들과 그림 모임을 하고 싶어 한다는 소식을 이웃에게 들었다. 그림은 못 그리지만 평소 존경하던 분들이라 왠지 끌림이 있어 참여하게 되었다. 초등학교 때부터 그림으로 상 한번 탄 적 없고 미술 시간에 억지로 그리는 그림 외에는 그려 본 적 없던 나는 연필이나 붓을 잡는 것 자체가 쉽지 않았다.

그러나 "선을 그릴 때 떨어도 돼요. 어차피 사람 손은 떨려요. 틀려도 좋아요. 틀리면서 감정이 표현돼요. 잘못 그렸을 때 고치지 말고 인정하면 그 실패를 빛나게 하는 절묘한 그림이 되기도 해요. 못 그릴수록 재미있어요."라는 말을 들으면서 점점 자유로워졌다.

그림 공부를 하면서 얻은 가장 큰 소득이라면 '잘 그릴 필요가 없다.'는 것을 깨달은 것. 프로도 아닌데 잘 그려야 하는 것보다 그리는 순간의 내가 즐거운 것이 중요하지 않겠는가. 잘 그리고 못 그렸는지는 미술 수업에서나 평가받는 것이지, 무엇을 그리려 했고 그것을 맘껏 표현했느냐가 중요하다. 그림은 나를 위해서 그리는 거다. 유명한 화가의 그림보다 내가 마음대로 그린 그림이 나는 더 소중하고 귀하다.

어떤 광경이나 인물에 깊은 감동을 받았을 때 그림으로 표현하고 싶어졌다는 것 또한 참으로 중요한 소득이다. 이 책을 쓰면서 지역의 귀한 분들 얼굴을 그려 보았다. 쉽지 않았다. 그 분들의 까칠함, 뚝심, 푸근함, 깊은 눈빛 등을 표현하고 싶은데 마음대로 되지 않았다.

하지만 그림이 어떻든 간에 사진을 놓고 씨름하는 시간들은 한 분 한 분과 깊이 사귀는 시간이었다. 그간의 감사함과 사랑을 듬뿍 담아 그릴 수 있었다. 많은 이들의 도움으로 살아온 내게 더없이 귀한 시간이었다.

얼마 전에는 그림 모임 멤버 중 한 분의 딸이 분만 중에 크게 아프게 되어 힘든 상황에 놓였다. 그 분이 올린 갓난아기 사진을 보고 다른 멤버들이 각기 아기 사진을 그려 모임 채팅방에 올렸다. 막막한 상황이던 그 분에게 조금은 위로가 되지 않았을까. 그림이란 것이 이렇게 마음을 담을 수 있는 도구구나, 그림 그리기 참 잘했다 싶었다.

이런 경험이 서울에 살았으면 가능했을 것 같지 않다. 최근(2020년) 미국도서관협회에서 비영어권 어린이책에 수여하는 밀드레드배첼더 어워드 어너리스트의 영광을 안기도 한 그 분들이 안성에 살고 의료협동조합의 조합원이기에 가능한 일이었다.

사람들이 서울에 살지 않으면 문화적으로 뒤떨어진다고 생각하는데 나의 경험은 그렇지 않다. 한 사람 한 사람이 삶의 중심이 되어 자신을 표현하고 그것들이 지역에서 얼기설기 엮여 서로를 풍성하게 하는 생활 문화에서 성장과 기쁨을 맛보게 되는 것 같다.

우리는 최근 모임의 이름을 '그냥 그리는 모임'이라는 뜻으로 '그그 모임'으로 정했다.

'그그' 모임. 안성 죽주산성에서 스케치를 한 뒤 그림에 대한 느낌을 나누고 있다. 가운데가 이억배 선생, 오른쪽이 정유정 선생이다.

또 하나의 친정

남편인 안성농민의원 이인동 원장이 새로 지을 안성의료협동조합 9층 건물 조감도를 보여 주며 말한다.

"9층은 조합원 활동 공간으로 만들어요. 평소에는 작은 공간으로 나누어 쓰다가 필요할 때는 칸막이를 치우고 큰 공간으로 사용할 겁니다. 이제 대의원 총회도 여기에서 할 수 있어요. 그동안은 다른 공간 빌려서 하느라 힘들었거든요. 7층에 들어가는 직원 식당은 전면 유리로 해서 전망 좋게 하려 했는데 기둥이 가리게 되었어요. 좋은 방법을 찾고 있습니다."

기독청년의료인회 회원 십여 명이 들꽃피는마을 회관에 앉아 열심히 듣고 있다. 여름휴가 차 몇몇 가족이 마을로 놀러왔다. 27년 만에 건물을 짓는 게 자신들의 일인 듯 기뻐하며 도울 방법을 찾는다.

의료협동조합을 꿈꾸던 시절. 그렇게 어려운 걸 왜 하려 하느냐, 돈이 모이는 곳엔 싸움이 있기 마련이다, 병원 이름에 '농민'이라고 붙이면 망한다, 그 월급 받고 얼마나 버틸 수 있겠느냐…. 말도 많이 들었다. 그런데 처음부터 자신의 일로 생각하고 기뻐하며 지지해 준 사람들이 있다. 대학 시절, 여러 대학에서 활동하던 기독학생회 출신이 모여서 만든 기독청년의료인회다. 졸업 후에 들어온 사람도 있지만 학생 때부터 만나온 사람들이 많으니 30년 넘게 알고 지낸 이들이다. 작은 모임이지만 매주 성서 연구로 모이고, 의료 소외 없는 의료 제도 연구, 생명을 살리는 환경 보존을 위한 활동을 30여 년째 해오고 있다. 나는 안성에서 백성교회라는 작은 교회를 다니며 안성천살리기시민모임 등을 같이 만들어 활동하는 등 큰 힘을 얻었는데, 기독청년의료인회는 또 하나의 교회와 같은 공동체다.

시골에 살고 있어 자주 참여하지는 못하고, 일 년에 한 번 멀리 떨어져 사는 회원들이 모일 수 있는 수련회에만 참가하지만 갈 때마다 친정 같은 푸근함을 느낀다. 내가 가는 길이 맞나 헷갈릴 때 비전을 함께하고, 지칠 때 위로를 받으며, 풍성한 마음의 양식을 제공받는 곳이다. 의료협동조합, 그거 참 좋은 일이니 나도 같이 하자고 뛰어들어 도움을 준 이들도 여럿이다. 2018년에는 의료협동조합에서 일할 의사들 양성하는 프로그램 만드는 데 쓰라고 거액을 모아 기부까지 했다. 이러한 지원을 받아 연합회는 의과대학 학생들을 모아 일본 의료생협 연수를 다녀오고, 예비 의료인을 위한 의료 인문학 강좌도 열었으며, 가정의학회에 홍보 부스를 설치하는 등 많은 일들을 할 수 있었다.

이제 나이 들어 좀 편하게 살고 싶을 텐데도 시골 마을까지 찾아와 마을회관 같은 불편한 장소에서 먹고 자면서도 마냥 즐거워한다. 들꽃 피는마을의 구불구불한 길을 보고도 "길이 직선이 아니니 정감 있네요. 인생도 그렇겠지요." 하며 감탄한다.

친정 엄마가 해 준 밥을 먹으면 기운이 나듯이, 오랫동안 마음을 나누어 온 이들과 함께 지내면 기운이 솟는다. 의료협동조합은 참으로 소중한 사람들의 마음이 켜켜이 쌓여 이루어졌음을 새삼 느낀다.

5장

온 마을이 건강해야

안성에서 볼로냐를 꿈꾸다

이탈리아의 볼로냐는 협동조합 도시로 유명하다. 총 인구가 39만 명인데 시민 열 사람 가운데 일곱은 협동조합 조합원이고, 아주 다양한 협동조합이 있어 생활의 거의 모든 것을 협동조합에서 해결한다. 1800년대 후반, 농업 분야의 협동조합이 생긴 뒤로 지금까지 먹을거리는 물론 주택, 유치원, 문화, 예술, 미디어, 여행 등을 협동조합을 통해 이용한다. 주택협동조합이 설립되면서 집을 소유한 시민이 40퍼센트에서 85퍼센트로 늘어났다고 한다. 좋은 품질의 주택을 거품 없는 가격으로 공급했기 때문이다. 생활의 다양한 분야에서 소비자와 생산자가 협동하고, 생산자끼리도 협동하면서 모두가 함께 잘 사는 선순환이 일어난다 한다.

이탈리아에는 1500년대까지 노예 제도가 있었는데, 볼로냐는 1257년에 노예를 폐지하는 법률을 제정했다. 볼로냐 시민들이 억압이 아닌 자유를, 경쟁이 아닌 협력을 삶의 방식으로 택하여 함께 살 길을 찾은 전통의 결과가 아닐까. 이런 전통이 협동조합을 꽃피우게 했으리라.

하나의 기업을 중심으로 만들어진 스페인의 몬드라곤협동조합과는 또 다르게 여럿이 힘을 합쳐 하나의 협동조합을 만들고, 각각의 협동조합이 그물망처럼 연결되어 있어 구조가 더욱 탄탄하다. 볼로냐는 1인당 GDP가 이탈리아에서 밀라노에 이어 2위로 소득 수준이 높다. 관광객이 많은 로마보다 소득이 높고, 소득 불평등 수준은 낮다. 이탈리아 전체 실업률이 8.2퍼센트인데 볼로냐는 5퍼센트를 유지하고 있다.

안성의 두 배 조금 넘는 인구, 협동을 통해 모두가 함께 잘 사는 도시를 만들었다는 볼로냐 이야기를 전해 들은 순간 가슴이 벅차올랐다. 안성도 불가능할 이유가 없지 않은가?

안성은 협동조합의 전통이 강하다. 안성시 인구 187,232(2021년 1월 31일 기준)명 중 농협 조합원이 1만 9천여 명, 신협 조합원이 1만 3천여 명, 의료생협 조합원이 6천여 명, 두레생협 조합원이 2천 8백여 명, 산림조합 조합원이 1천 7백여 명 등이 된다(중복 가능). 멋진 사회적 기업도 아홉 곳이 있다. 거기다 안성은 3.1만세운동 당시 3개월에 걸쳐 시위가 벌어졌다. 그 시절의 안성 인구를 알 수 없지만 3천 명의 군중이 모여 경찰 주재소와 일본인 고리대금업자, 면사무소 등을 습격하고 격렬한 시위를 벌였다고 한다. 이렇게 3.1 독립운동의 피까지 흐르는 이곳에서, 우리의 필요를 협동으로 채워가며 풍성하게 잘 사는 도시를 만들어 간다면 얼마나 멋지고 행복할까.

의료협동조합의 꿈은 조합원을 건강하게 하는 일, 나아가 지역을 건강하게 하는 일이다. 그런데 지역이 건강해지려면 지역민의 생활이 건강해야 한다. 우리는 협동조합을 하면 시스템이 민주화되고 그 안에서 사람들의 자율성이 최대한 발휘되는 경험을 했다. 지역에 사는 사람들이 자신의 필요와 이웃에 대한 배려를 조화시키고, 참여를 통해 자율성을 발휘하며, 서로를 소중히 여기는 조직 안에서 성취감을 느낀다면 개인의 마음과 몸도 그리고 지역도 건강해지리라.

안성에서 한국의 볼로냐를 꿈꾸어 본다.

모이고 또 손잡고

"공감은 정서적 노동이 아니고 정서적 리액션도 아니다. 공감은 존재와 존재가 비로소 만나는 것이다. 옷을 껴입고 만나는 것 아니고 맨몸으로 만나는 거다. 한 사람의 존재를 그 누군가 딱 한 사람만 알아 줄 수 있으면 그 사람은 살 수 있다."

『당신이 옳다』를 써내고 방방곡곡 강의를 다니고 있는 정혜신 정신과 의사의 강의가 진행되고 있는 이곳은 2019년 의료사협연합회 의사연수회 자리다. 1박 2일로 안성의 숙박 시설 '고삼재'에서 이루어진 행사에 전국의 의료사협에서 40여 명이 모여 강의를 듣고 있다.

그래도 공감 좀 한다고 생각했던 의사들의 질문이 쏟아져 나온다.

"공감은 했으나 그 사람의 해결되지 않는 상황은?"

"공감을 해 주고 싶으나 마음을 열지 않으면?"

"알코올 중독은 공감이 안 되는데요?"

"환자가 말도 안 되는 소리 하면서 우길 때도 공감을 해야 하나요?"

"검진에서 우울 성향이 나오면 어떻게 해야 할까요?"

"위기 상황에 처해 있는 것이 보이는데 도저히 시간이 없을 때는 어떻게 해야 하나요?"

"잘못 물어보면 사생활 침해가 되지 않을까요?"

사실 공감을 좀 하려 했지만 가장 큰 장벽인 충조평판(충고, 조언, 평가, 판단)을 잘 하도록 훈련받은 사람들 아니던가. 세 시간 반이 넘도록 질문과 답변이 이어졌으나 피곤하지 않고, 따뜻한 물에 목욕을 하고 나온 듯한 푸근함이 느껴지는 밤이었다.

안성에서 의료협동조합이 생기고 나서 26년째, 전국에 스물네 곳의 의료복지사회적협동조합이 생겼다(2020년 기준). 빠른 속도로 확장되었다고는 할 수 없지만 지역마다 다른 여건에서 의료협동조합이 생겨났다. 안성은 농촌에서(안성의료협동조합), 인천은 산업재해 노동자 상담하다가(인천평화의료협동조합), 안산은 공동체 의료 공부하다가(안산의료협동조합), 대전은 지역화폐운동하다가(민들레의료협동조합), 원주는 신협과 함께(원주의료협동조합), 서울 노원에서는 장애인과 비장애인이 함께(함께걸음의료생협), 구로에서는 산업 선교하던 그룹이(서울의료협동조합), 마포에서는 성미산 마을 운동하던 이들이(마포의료사협), 은평구에서는 여성주의 운동가들이(살림의료협동조합), 홍성에서는 생태농업을 하던 이들이(홍성우리마을의료협동조합), 전주는 지역의 건강을 위해 일하고 싶은 젊은 한의사들이(전주의료사협)…. 저마다 다른 모습이지만 서로 도와 건강한 삶과 사회를 만들려고 모였다.

2020년 기준 의사 34명, 한의사 24명, 치과의사 19명. 공동체 의료를 해보겠다고 모인 한 사람 한 사람이 더없이 소중하다.

의료사협연합회에서 의사 모임을 주도하는 김종희 선생은 사학과를 나온 의학전문대학원 출신이다. 인문학적인 바탕이 있어서인지 시야도 넓고 환자를 대하는 품도 깊은 것 같다. 김종희 선생 덕에 우리는 글쓰기, 그림책 이야기, 치매 돌봄에 대한 이야기, 랩으로 표현하기, 공감이야기, 유튜브 만들기 등 강의를 들어 진료에 적용하기도 하고 의료협동조합에서의 진료 경험을 다양하게 표현해보기도 한다.

혼자서는 연약한 한 송이 꽃이지만 모이면 풍성한 꽃밭이 되는 것을 우리는 각자의 지역에서 의료협동조합을 하며 경험하고 있지만, 이렇게 모이면 또 새로운 꽃밭을 느낀다. 안성에 함께 사는 판화가 류연복 선생의 작품 '모이고 또 손잡고'처럼 말이다.

모이고 또 손잡고

땅의 주인으로 살려 하는 이들과 맨발의 의사가 되고 싶었던 청년들이
배짱이 맞아 협동조합을

일하다가 다쳐도 건강하게 살아가고자 하는 이들과 상처를 어루만져 온 이들이
다시 뜻을 모아 협동조합을

함께하는 의료를 꿈꾸고 꿈꾸어 건강을 함께 지켜내며
행복한 지역 사회를 위해 협동조합을

자본의 폭력에서 벗어나고자 공동체 화폐 운동을 하며
공동체 의료를 하고자 협동조합을

협동조합 운동의 본산지에서 몬드라곤을 꿈꾸며
건강 공동체를 만들고자 협동조합을

산업화되면서 가장 고통스러웠던 이들이 함께 울고 웃었던 그곳에서
서로의 삶을 보듬고자 협동조합을

양성이 동등하게 화합하는 세상을 만들고 싶은 여성주의자들이
홀로 사는 자신의 삶을 돌보고
의료에서 남성적 폭력을 걷어내고자 협동조합을

건강을 지키는 데 생활습관과 먹거리가 가장 중요함을
약을 끊고 건강한 밥상을 함께하려 협동조합을

모여서 함께하니
개울물이 샛강으로

샛강이 넓은 강으로

천지에 흘러넘쳐

새싹이 돋고 꽃이 피어

넘치는 생명으로

넘치는 건강과 나눔, 행복으로

〈송이송이 모여모여〉 류연복

드디어 기공식

2020년 10월 29일, 드디어 안성의료협동조합 새 건물 기공식을 했다. 7월이나 8월에는 하리라고 생각했는데 이런저런 이유로 자꾸 늦어졌다. 10월 중순부터 땅을 파기 시작해 29일인 오늘에야 기공식을 하게 되었다. 얼마나 기다렸던지.

여기까지 오는 길은 참으로 지난했다. 지금 농민의원과 농민한의원 그리고 새봄치과가 있는 건물은 1997년에 이사해 23년째 사용하고 있는데, 많이 낡아 여러 문제가 끊임없이 생기고 있다. 건물이 낡기도 했지만 무엇보다 엘리베이터를 설치하지 못하는 건물이어서 어르신 환자들이 2, 3층까지 올라가시기가 너무 힘들다는 게 건물을 옮겨야 하는 커다란 이유였다.

7~8년 전부터 중장기 발전 계획에 '내건물갖기' 목표를 세우고 있었으나 별다른 성과를 얻지 못했는데, 마침 2018년 마음에 드는 건물이 나왔다. 적극적으로 검토를 했으나 이것저것 재보다가 결정이 되기

도 전에 다른 데로 팔리고 말았다.

그때 당시 박중기 이사장 집안에서 오랫동안 가지고 있던 땅을 팔려고 한다는 걸 알게 되었다. 구시가지이긴 하지만 입지가 나쁘지 않은 시내 땅이었다. 실무자들은 이사장에게 다른 데 팔지 말고 그 땅에 건물을 지어 이사를 가자고 설득했다. 이사장은 본인이 관련되어 구설수에 오를 수 있다고 생각했는지 거절했으나 다른 방법이 없었다.

2018년 11월에 '내건물 갖기' 추진위원회를 정식 발족해서 총회에 안건으로 올렸는데 이견이 많았다. 구도심이어서 운영이 어렵지 않겠느냐, 땅값이 비싸다, 더 좋은 땅도 많다, 이사장 땅인데 비리 있는 게 아니냐는 말까지 나왔다. 추진을 한 사람들은 이것저것 다 고려해서 올린 제안이지만, 조합원들의 의견이 이러하니 그대로 진행할 수는 없었다. 이전에 놓친 건물 생각으로 또 놓칠까봐 조금 성급하게 추진한 부분이 있기도 했다.

조합원들이 몇 곳의 부지를 추천했다. 최종 네 곳의 부지를 놓고 외부 기관의 컨설팅을 받았다. 선정 기준으로 정류장과의 거리, 경유 버스 수, 인접도로 거리, 차량 유입량, 상가 집적도, 1층 판매업, 동일 점포 밀집도 등을 분석했다. 그리고 다음 네 가지를 중요한 기준으로 평가했다. 첫째, 매출 확대 여지. 둘째, 비용 절감 가능성. 셋째, 고령 친화적 공간 구성 가능성. 넷째, 신규 사업에 진출할 공간 여력. 일곱 달 동안 진행한 결과, 박중기 이사장의 땅이 가장 적합하다고 결론이 났다.

이 결과를 가지고 열다섯 개 읍면동을 다니며 대의원 설명회를 열었

다. 그리고 2019년 12월 총회에 안건으로 상정해 대의원의 승인을 받았다. 한 걸음 빨리 가려다 열두 걸음은 늦어진 셈이었다. 그 사이에 지금보다 이율이 좀 더 낮은 자금을 놓치기도 했지만, 돈보다는 사람의 마음이 모이는 것이 중요했다.

기공식에서 박중기 이사장은 "오늘 이후 이곳은 하나의 건물이라는 가치를 넘어 지금까지 인정받은 사회적 가치를 바탕으로 하는 호혜의 경제, 공생의 경제가 지금보다 백 배 이상 확장되는 곳이 될 것"이라고 했다. 이수청 초대 이사장은 "힘없고 기댈 데 없는 농민이 힘을 모아 만든 의료협동조합이 이런 결실을 맺어 감회가 새롭다. 이 운동이 전국을 넘어 세계로 뻗어 나가길 바란다."고 했다. 의료사협연합회 경창수 회장은 초대에서 5대까지 안성의료협동조합 이사장 이름을 일일이 부르며 기억하고 감사를 전했다. 서울에 있는 여러 의료협동조합의 실무자들도 참석해 마치 자신들의 건물을 짓는 것처럼 기뻐했다. 그 중 한 친구는 안성이 의료협동조합의 메카로서 상징을 지닌 중요한 건물이 될 것이라며, 길거리에 지나가는 사람들한테도 의료협동조합 자랑을 했다.

새 건물이 지어지는 이곳에서 우리는 여태까지 해왔듯 서로의 건강을 지키고, 아플 때 적절한 치료를 받으며, 거동이 불편해졌을 때 필요한 도움을 서로 주고받을 것이다. 왕진, 가정간호, 방문간호, 방문요양, 주간보호센터까지 지역 사회 통합 돌봄이 본격적으로 이루어지리라. 의료와 돌봄이 필요한 이들이 제때 서비스를 받을 수 있도록 안성 구석구석을 살필 것이다.

이 모든 일은 안성의 귀한 조합원들 힘으로 이루게 될 것이다. 한 사람의 열 걸음보다 열 사람의 한 걸음이 더 효율적임을 보여줄 것이다. 건강한 지역을 만드는 좋은 아이디어와 실천이 샘솟기를, 안성을 협동조합 도시로 변화시킬 동력이 이곳에서 만들어지기를 기대한다.

요람에서 무덤까지

　　박중기 이사장은 최근 잠을 못 이루는 날이 많았다. 원래 잠을 잘 자는 체질이라 일찌감치 자고 새벽 5시에 일어나 농사를 짓는 분이다. 그런 분이 잠을 못 이루는 이유는 안성의료협동조합 새 건물 부지를 마련해 땅을 파고 건물이 올라가서 이사 갈 날짜가 코앞에 오기까지 아슬아슬한 일이 많았기 때문이다.

　　1년 사이에도 건축 자재 값이 많이 올라 2억 이상 더 들었다. 아마 지금 가격대로 지으라면 10억 이상이 더 들 정도로 오른 거다. 그 외에도 추가된 금액이 많아 45억 예산에 6-7억이 추가되어 여기저기서 돈을 더 빌려야 했다. 9층짜리 건물을 짓는 일이 쉬울 리 없다. 거기다가 주인이 많다 보니 의견 조율이 쉽지 않을 때도 많다. 이러다가 건축업자가 못하겠다 하지 않을까 걱정도 되었다. 혹여나 잘못되면 신뢰를 바탕으로 적은 돈에서 꽤 큰 금액까지 출자한 사람들한테 미안해서 어쩌나 하는 생각들이 끊이지 않았다.

이제야 자금 조달도 끝나고 안정이 되어 가는 상태다. 곧 이전을 하여 꿈꿔왔던 일들을 잘하는 일만 남았다. 직원들도 이사들도 힘들었을 텐데 잘 견뎌 주어 고맙다.

뒤돌아보니 박중기 이사장은 조합이 새 둥지를 찾을 때나 이전할 때마다 뒤에서 공을 세웠다. 1994년 안성의료생협이 만들어지기 전 먼저 안성농민한의원을 열 때부터 자리를 물색하여 계약을 했다. 한의원 전화번호 좋은 것 받으려고 전화국에 가서 여러 번 부탁해서 얻어냈는데, 그 번호를 농민한의원이 지금도 쓰고 있다. 조합을 만들고 농민의원과 농민한의원 자리를 잡을 때도 자리를 추천해 주었다. 길 건너로 이사를 갈 때는 환자들이 버스에서 내려 큰 길을 건너야 하니 육교를 놓아달라고 시청에 찾아가기도 했다. 농민의원에서 쓰는 전화번호는 옛날 농민회에서 좋은 쌀집과 직거래할 때 쓰던 번호를 가져왔다. 서안성의원과 한의원을 만들 때는 농협 건물에 세를 얻었는데, 지하에 소방 시설이 안 되어 있어서 허가를 못 받는 상황 때문에 이리저리 뛰어다녔다. 우리동네의원이 길 건너편으로 옮길 때에는 위치가 어떤지 몰라 머뭇거리던 우리에게 여러 가지 설명을 하며 확신을 줬다.

이 분은 '실질적인' 스타일이다. 사람들이 꿈에 부풀어 있을 때 병원 자리, 전화번호, 인허가 관계 등 실질적인 부분들을 메꿔 준다. 그래서 그런지 사모님한테 무척 잘한다. 농촌의 남자들 분위기는 대개가 그렇지 않으니 주변에서 말도 많이 듣는다. 하지만 꿋꿋하다. 그게 자신도 편안하게 사는 비결이라는 지론이다. 나이 들면 배우자밖에 없는데 집에서 권위 세우고 집안일 안 하면 누가 좋아하겠냐는 거다.

박중기 이사장은 자신을 '중도'라 표현한다. 여러 사람 몰려다니기만 해도 정보과에서 쫓아다니던 시절, '관'의 눈치를 안 볼 수 없어 농민회에 깊이 관여하지 않았다. 그러다 1980년대 말쯤, 수매가가 너무 낮아 농민회에서 수매 거부 운동을 할 때 수매대책위원장을 맡았는데 자신이 중도이다 보니 이쪽저쪽에서 사람이 많이 모여 성공적이었다.

안성의료협동조합을 추진하던 시기는 기계농법이 도입되던 시기였

다. 농사짓는 분들이 다치기도 많이 다쳤고 일이 힘들어 많이 아팠다. '농부증후군'이라는 단어도 나왔다. 박중기 이사장은 농민들의 건강을 지키는 일이라면 열심히 해야겠다고 생각해서 의료협동조합 추진위에 합류해 재정을 담당했다.

의료협동조합 하면서 제일 기억나는 일이 밤늦게까지 이사회를 하고, 일본 의료생협 견학 가서 쉬는 시간 없이 강의 듣던 일이다. 농사짓던 분이 몇 시간씩 앉아 회의하고 강의 듣기가 쉬웠을 리 없다. 초창기라 논의할 것도 많은데 논의 초점에서 벗어나는 말이 많이 나와 더 늦어지는 일이 잦았다. 다른 나라 가서 아무리 좋은 얘기라 해도 쉴새 없이 이어지는 강의가 익숙할 수는 없는 법이다. 그래도 좋은 일이라고 그걸 다 감내해 주신 게 더없이 고맙다.

이제 칠순의 나이, 30년 넘게 의료협동조합과 함께 하며 드러나지 않는 많은 일들을 도왔고, 이제 전면에 나서 9층 건물을 완성해 가고 있다. 조합이 여태까지 잘 해 온 것처럼 사회적 가치를 잘 지켜나가면 좋겠다는 바람, 한 번 가입한 조합원은 평생 조합원으로 요람에서 무덤까지 함께 건강을 지켜나가면 좋겠다는 바람을 품고 오늘도 안성의료생협 이사장 자리에서 최선을 다하고 있다.

나가는 글

텃밭에 오이와 가지, 고추, 깻잎, 바질, 방울토마토가 주렁주렁 열렸다. 땀 흘리며 따 가지고 들어와 누구와 나누어 먹을까 행복한 상상을 한다.

나는 서울에서 태어나고 자랐지만 운이 좋아 안성이라는 지역에서 살 수 있었다. 뒷문 열고 나가면 신선한 채소가 기다리는 흙으로 지은 집에서, 담장도 없이 어울려 사는 이 마을에서 사는 것이 큰 행복이다.

항상 좋기만 한 사람, 항상 나쁜 사람이 어디 있을까. 협동조합에서는 공동의 선을 추구하니 그것이 모두에게 이익이 되고 결국 나에게도 도움이 된다는 것을 학습하는 것 같다. 특별히 헌신적이지 않아도 나에게 좋고 너에게도 좋은 길을 찾으면 되는 게 협동조합이다. 참으로 좋은 분들을 많이 만났고, 여럿이 같이 했기 때문에 문이 열리게 되는 일들이 많았다. 남들은 느리고 답답하지 않느냐 하지만, 위기가 닥칠 때 함께 해결하는 과정 자체가 큰 힘으로 남았다.

책을 쓰며 고마운 분들을 그리다 보니 얼굴 구석구석을 들여다보게 되었다. 근육 하나 잔주름 하나에서 그 분들의 마음이 보였고 숨결이 느껴졌다. 이렇게 아름다울 수 있을까! 감탄이 흘러나온다. 그림을 그리며 책을 쓰는 일이 생각처럼 쉽지 않았지만 그 순간들이 길게 남을 것 같다.

사람들이 어찌 여기 있는 사람들 뿐일까. 오랜 시간 동안 수많은 꿈과 땀방울이 모였지만, 개인적으로 감동을 받았던 분들 중 일부만 적었다. 이 책은 역사책이 아니다. 권성실이란 사람이 안성, 그것도 우리 동네의원에서 의사로 일하며 경험한 일들을 아주 얇게 스케치했을 뿐이다. 같이 의료협동조합을 했어도 다른 사람들은 또 다른 경험을 했을 것이고 또 다른 숨결의 책을 내 주면 좋겠다.

돌이켜보면 이도저도 아닌 삶이다. 뜨거운 혁명가의 삶도 아니고, 학문적인 성공을 한 삶도, 사회적인 지위를 얻은 삶도, 그렇다고 경제적인 기반을 다진 것도 아니다. 현실에서는 항상 타협하는 삶을 살았고, 해야 된다고 생각하지만 중도에 포기한 일도 허다하다.

하지만 나처럼 부족하고 평범한 사람들이, 함께했기에 풍성한 삶을 누릴 수 있었다는 것만은 자랑하고 싶다.

국내 거대 출판사에서 출판을 거절당한 덕분에(?) 작은 출판사인 그물코 분들을 만나 소중한 출판의 경험을 할 수 있었다. 초보 저자의 문장을 꼼꼼히 봐 주시고 이 책이 갖는 의미를 저자보다 소중히 여기며 직접 안성으로 와서 의료협동조합과 마을까지 둘러보고 흐뭇해 하는 분들과 같이 작업을 하게 된 것은 또 하나의 행운이었다.

함께 해 온 수많은 분들께 감사의 글을 드리고 싶으나 너무 많아 쓸 수가 없다. 함께 꿈꾸었던 이야기를 담은 이 책을 대신 감사의 선물로 드린다.

안성의료복지사회적협동조합 의료 기관과 위원회

안성의료협동조합 위원회
- 건강마을위원회
- 교육홍보위원회
- 인사위원회
- 본점 이용위원회
- 경영위원회
- 3동 건강마을위원회
- 3동 운영위원회
- 서안성 운영위원회

안성의료협동조합 3동 지점
- 우리동네의원
- 재가장기요양기관
- 요양보호사 교육원

안성의료협동조합 서안성 지점
- 서안성의원
- 서안성한의원
- 가정간호사업소

안성의료협동조합 본점
- 안성농민의원
- 건강검진센터
- 안성농민한의원
- 새봄치과의원
- 조합 사무국, 방문의료사업단
- 주간보호센터
- 조합원 활동 공간

원곡면
양성면
고삼면
일죽면
대덕면
보개면
삼죽면
죽산면
안성3동
공도읍
안성2동
안성1동
금광면
미양면
안성1동
서운면

권성실

경기도 안성에서 안성의료협동조합 가정의학과 전문의로 일하고 있습니다. 의료협동조합은 조합원이 자신의 건강 문제를 해결하고자 조합을 설립하여 건강 증진 활동을 하고, 의료기관을 설립하여 진료 활동을 하며 건강한 지역 사회를 이루려 노력하는 곳입니다. 의료협동조합을 만들어 지내온 이야기, 마을을 만들어 함께 사는 이야기를 나누고 싶어 직접 그린 그림과 함께 담았습니다.

안성의료생협과 함께한 30년
마을의사로 살아가고 있습니다

1판 1쇄 펴낸날 2021년 8월 30일

글, 그림 권성실
펴낸이   장은성
만든이   김수진
인 쇄   대덕인쇄

출판등록일 2001.5.29(제10-2156호)
주소 (350-811) 충남 홍성군 홍동면 광금남로 658-7
전화 041-631-3914
전송 041-631-3924
전자우편 network7@naver.com
누리집 cafe.naver.com/gmulko

ISBN 979-11-88375-26-4 03300 값 15,000원